교육의 단계

교육의 단계

초판인쇄 : 1994년 5월 10일
개정판 발행 : 2020년 6월 30일

옮긴이 : 성옥련
펴낸이 : 김진남
펴낸곳 : 배영사

등록 : 제2017-000003호
주소 : 경기도 고양시 일산서구 구산동 1-1
전화 : 031-924-0479
팩스 : 031-921-0442
이메일 : baeyoungsa3467@naver.com
ISBN : 979-11-89948-05-4

교육의 단계

모리스 드베스 저 | 성옥련 역

Maurice Debesse

배영사

이 책을 번역하게 된 동기가 두 가지 있다. 우선 저자 모리스 드베스 교수는 프랑스 유학시절 나에게 가장 많은 영향을 주신 분이었고, 다음은 이 작은 책자가 결코 작지 않은 큰 힘을 던져 주고 있는 훌륭한 내용이어서 은사와의 깊은 연민을 느끼면서 교수에 대한 보은의 심정으로 번역하고 싶은 마음이 간절했던 것이다. 보은이라 함은 그의 고매한 학문의 경지를 이제야 알 듯하여 그가 평생을 몸 바쳐 몰두한 아동심리학, 발달심리학, 교육심리학의 영역에서 이룩한 업적에 대한 경의를 표하고자 "교육의 단계"를 우리말로 옮기면서 그를 생각하는 기회로 삼으면서 그의 가르침에 대한 때늦은 감사의 심정을 쏟고 싶은 것이다. 특히"교육의 단계"는 여러 나라에서 번역되어 많이 읽혀지고 있는 인간발달에 관한 근본적인 전문지식을 주는 책이다.

내가 10여 년 간을 모리스 드베스 교수의 문하에 있으면서 그의 강의에서 혹은 사석에서 기회가 주어질 때마다 당신의 연구과정을 자상하게 이야기해 주셨는데 지금 생각하면 그것은 바로 프랑스 교육학의 역사이기도 하고 또 프랑스 교육을 말할 때 드베스 교수가 반드시 그 주제 안에 들어가지 않을 수 없다는 확신이기도 했다. 마치 뒤르껭(E. Durkheim)이 사회학자로서 "교육과학"의 창시자로 여겨진 것과 같이 드베스 교수는 인간의 발달과정을 축으로 하여 전개시킨 "교육과학"의 창시자로 불리고 있다.

드베스는 1903년 프랑스 중부 로아스 지방에서 출생하여 제1차 대전 때 부모를 잃고 고아가 되는 역경 속에서 성장했다.

1925년 셍 끌루 고등사범학교에서 역사와 지리학을 전공하여 한때 사범학교의 교사가 되기도 했지만, 그러나 곧 파리대학교의 심리학과에 등록하여 새로운 영역을 전공하면서 특히 청년기 연구에 몰두하게 된다. 드베스가 심리학으로 관심을 돌리게 된 동기에는 왈롱(H. Wallon)과의 만남에서 이루어졌다는 이야기를 빼놓을 수가 없다.

왈롱은 원래 정신의학자로 출발하여 특히 장애아 치료교육에 심혈을 쏟다가 아동연구의 길을 개척하면서 세계적인 아동심리학자가 된 사람이다. 세계 최초의 아동심리학 연구소를 창설하여 문하에 많은 아동 심리학자를 배출했는데 드베스도 그 중의 한 사람이었다.

드베스 교수는 그의 스승 왈롱과의 만남을 회상하는 글을 여러 곳에 기고한 일이 있다. 그 중에 상세하게 기록한 대목들을 보면 다음과 같다.

"확신에 찬 젊은 교수의 강의에 매료되어 나는 그의 강의를 열심히 청강했다. 시간이 갈수록 왈롱은 나로 하여금 아동심리학을 발견하게 해 주었다"고 술회하였다. 당시 왈롱은 정신의학으로부터 심리학으로의 접목의 길을 모색하면서 그 최초의 연구 결실인 아동심리학의 저서인 "난폭한 어린이"(부제 : 운동기능 및 정신발달의 지연과 이상에 관한 연구)를 정리하고 있을 때 더욱 행운의 만남이 이루어졌다. 드베스는 이 행운의 만남을 심리학을 전공하게 되는 큰 계기로 삼아 교사로 있던 사범학교에서 경험한 청년들과의 접촉을 좋은 자료로 삼아 소르본느에서 배우기로 결심하고 들라크루와 밑에서 교육심리학을 전공하게 되었다. 몇 년간은 오직 새로운 전공에 전념하면서 주로 청년기 연구에 몰두했다. 그의 연구결과 "청년의 원형적인 위기"를 쓰게 되었고, 이어서 "어떻게 청년을 연구할 것인가?"를 발표한다. 드베스는 이 두 저서로 파리대학교에서 박사 학위를 받게 되고 이어서 도덕과학원상까지 받게 되었다.

물론 왈롱은 졸업시험 때와 박사학위 시험 때에 모두 지도교수 겸 심사위원이 되기도 했다. 드베스의 청년기 특징을 분석하는 방법은 왈롱의 임상방법과는 차이가 있었으나 그의 연구에 크게 관심을 보이고 격려를 아끼지 않았다.

그는 디죵 사범학교의 교수가 되지만 제2차 세계대전으로 출전하고 얼마 되지 않아 포로의 몸이 되어 전쟁이 끝날 때까지 수용소 생활을 했다. 수용소 생활 중에 그는 커다란 정신적 변혁을 맞게 되는 사건이 있었다. 그것은 스승 왈롱이 레지스탕스 운동에 적극 참여하면서 드베스에게 그의 새로운 저서 "어린이의 심리적 발달"이라는 책에 직접 서명을 써서 보내져 왔던 것이다. 절망적인 수용소 생활에서 받은 이 선물은 살아있다는 희망과 내일을 약속해 주는 커다란 격려와 위로가 되었으리라는 것은 상상하고 남음이 있었을 것이다. 드베스는 그 책을 성경처럼 읽으면서 베개 밑에 숨겨 두고 위안을 삼았던 것이다. 뒤에 수용소에서 읽었던 그 책에서 드베스가 아동심리학자로 학문의 길을 걷게 해 준 결정적인 동기가 되었다는 것을 고백한 일이 있다. 전쟁이 끝난 후 프랑스 교육개혁을 주도한 랑즈

뱅과 함께 교육개혁안 작성에 몰두한 왈롱은 대학교육에서 교원양성에 관한 협력을 드베스에게 구하고 의견을 듣게 된다.

드디어 드베스는 그 유명한 위베르 교수가 있던 스트라스브르그 대학에 초빙되어 심리학, 교육학을 담당하게 되고 전쟁이 끝난 후 황폐해진 국민정신보건을 위한 연구를 위해 교육심리센터를 창설하여 부적응의 어린이, 청년들을 대상으로 한 임상 경험을 쌓으면서 의욕적인 연구 활동을 했다. 이때 그는 인간의 성장과정에 나타나는 특징들을 생각하면서 본서 "교육의 단계"를 정리하게 된 것이다. 그 발달의 양상을 파악하는 방법이 왈롱과 공통되는 단면이 많았다는 것은 결코 우연한 일이 아니었던 것이다. 그러나 동시에 "교육의 단계"에는 발달심리학과는 구별되는 발달교육학을 명시하는 착실한 방향모색이 나타나 있었다.

드베스는 교수로 임명되고 바로 설치된 교육학과에 소속된다. 실제로 프랑스 교육학의 역사는 대학 강의를 중심으로 본다면 19세기말에 파리대학교에서 처음으로 부인손에 의해서 처음으로 강의가 시작되었고 그리고 사회학자 뒤르껭이 뒤를 이어 담당하였다.

파리대학에서는 신설된 교육학강좌를 축으로 학문으로서의

교육학이 자리 잡으면서 그 중추적인 역할을 드베스 교수가 맡게 된다. 그는 교육학을 교육과학으로 명칭을 바꾸고 다음해에는 교육과학 연구실을 설치하게 된다. 이때를 전후해서 그는 프랑스 전역을 통해 유능한 교수를 초빙하여 탄탄한 인재양성에 혼신의 힘을 다하면서 중앙집권에 대한 대학의 자유와 자치에도 많은 노력을 했다.

드베스는 프랑스 심리학회의 회장직을 수행하면서 심리학자로서 영역을 확보하면서 한편 경력이 보여주듯이 스트라스부르그시대 이래로 교육학(과학)을 심리학의 지주로 하면서 꾸준히 독자적인 학문으로서 발전시키는 노력을 경주하였다.

그는 교육의 가치문제에 대한 추구를 요구하고 거기에는 문화를 규정하는 여러 가치와 함께 교육 고유의 가치가 존재하는 것이라는 신념으로 일관하였다. 그리고는 심리학과 교육학(과학)자로서의 확고한 업적을 남기고 있다. 예를 들면 6권으로 편성된 "아동심리학" 편집책임자로 그 자신 제 1권에 "오늘의 아동심리학" "성격과 성격들" "청소년" 등을 비롯해 많은 아동심리학 저서를 남겼고 한편 전9권으로 된 "교육과학 개론"집필에 참여하고 직접 감수했다. 특히 이 전집은 오늘의 프랑스 교육학의 집대성으로 전무후무한 공적을 남긴 드베스의 학문적인 결실이기도 했다.

아무래도 본서 "교육의 단계"대한 해설을 잠깐 해두는 것이 좋을 것 같다.

이 책은 한마디로 심리학자이면서 교육학자인 드베스가 자신의 유년시절 그리고 어린이를 기르면서 독특한 사랑의 관찰력으로(참고문헌이 필요 없을 정도로) 초기 인간발달의 과정을 무리 없이 서술한 그의 저서이며 그의 연구세계를 묶어준 책이라 할 수 있다.

개정을 거듭하면서도 초판의 기본구성은 바뀌지 않았으나 그동안 심리학, 교육학의 발달이나 교육제도의 변화를 기초로 한 가필(加筆)이어서 저자가 이 책에 대한 애착이 그만큼 크다는 것을 의미할 것이다. 사실, 인간의 발달과정이나 그 과정마다의 특징들을 서술하면서 거기에 적용되는 교육의 방법을 유아기부터 청년기에 이르기까지 이처럼 완전하게, 그러면서도 쉽게 표현한 전문서는 드물다고 여겨진다. 그것은 지금까지 꾸준히 프랑스 국내의 교육학, 심리학의 전공 학생은 물론 일반 사회 학부모 교육관계자의 지지를 받는 고전처럼 읽혀지고 있고 여러 나라에서 꾸준히 번역되고 있는 것을 보아도 감히 명저라 하겠다.

책이름이 명시하듯이 이 책의 내용은 어린이의 발달 단계에 따라 구별되는 교육의 단계를 밝히는 데 있다. 머리말에서 "어린이의 발달 단계를 연구하는 발달심리학이 존재하는 것과 같이 우리는 성장의 물결에 맞는 점진적이고 역동적인 전망을 지닌 그리고 하나하나의 단계에서 미래를 향하여 긴장하고 있는 발달적 교육이 존재한다는 것을 밝혀 갈 생각이다" 라고 말한 것처럼 이 책의 내용은 발달 심리학적인 해석과 또 그것을 구별시키는 '발달 교육학'을 탐구하는 이정표라 하여도 좋을 것 같다. 한마디로 이 책의 과제의식은 유아가 청년에 이르기까지의 성장모습과 그 모습에 따라 나타나는 성숙, 즉 가치의식의 형성을 포함하는 그 인격 전체의 발달과 교육에 대한 관심으로 쓰여 있다.

이 책의 특징은 인간의 여러 능력을 지·정·의로 나누어 발달 단계를 생각하는 고전적 방법을 취하지 않고 각 발달 단계를 바로 '현실적인 전체를 지니는 통일'로 파악하고 다음 그 하나하나의 활동의 측면에 대하여 심리학적 측면을 검토하고 또 심리학적으로 본 그 특징을 묘사했다. 그리고 그 각 단계에서의 활동이 발달 측면에 있어서 주도적인 것과 거기에 작용하여 일어나는 그 단계에 적절하게 단련되어야 할 교육의 전략을 구하고 있다. 그리고 발달에 있어 주도적인 것을 통하여 인격 전체에 작용하는 교육의 관념을 "발달적 교육의 관념"이라 했으며 이러한 "발달과 교육"의 상호작용의 파악을 각 단계마다 구체적으로 보여주고 있는 특징을 갖고 있다.

앞에서도 잠깐 언급했지만 이 책의 서술은 드베스 교수의 긴 안목의 연구와 임상 경험 교사로서 무엇보다 부모로서의 많은 경험이 조리 있게 통일되어 있어 설득력을 지니고 있다.

그러나 이 책의 가장 큰 특징은 각각의 발달 단계를 하나씩 고립시켜서 논한 것이 아니고 출생에서 청년기까지의 발달 과정 속에서 각 단계의 위치가 밝혀지면서 이번 단계가 다음 단계로 발전 전개되어가는 그 과정 전체를 파악하는데 있고 거기에다 각 단계의 세부에 상세한 논조로 일관하는 치밀성과 그 발달적 교육관을 피력한 점은 중요하게 여겨지는 특징이라 하겠다.

바로 이러한 점들이 자녀를 둔 부모, 유치원 교육, 일반 교육자, 인간의 발달과정을 그 중요한 청년기까지를 바르게 이해해야 하는 일반사회에 이르기까지 인문발달 전체의 과정 속의 위치를 파악해서 거기에서 나오는 문제나 과제를 확인하는 장래의 전망을 더 잘 이해할 수 있게 도움을 받을 수 있는 내용이라

확신한다.

막상 번역을 끝내고 나니 두려운 마음이 앞선다. 얼마만큼 본문을 충실하게 옮겼을는지 이런 작업을 할 때마다 갖는 불안이지만 번역이 어렵다는 고충을 "번역은 반역이다"라는 말을 위안 삼으면서 독자들의 질정(叱正)을 바랄 뿐이다.

끝으로 엄격하기로 유명하셨던 드베스 교수의 질책도 상상하면서 그리고 어려운 출판사정에도 불구하고 본서의 출판을 허락해 주신 배영사 사장님께 감사드리면서 역자의 말을 끝맺음한다.

성옥련

　우리는 시대를 변화시키는 위기 속에서 교육문제는 많은 논란의 대상이 되어 있다. 인류의 미래는 교육과 산업문명, 과학발달의 빠른 발전에서 야기할 수 있는 경쟁에 달려 있다고 단언하는 소리도 있다. 과학과 기술의 놀라운 발전이, 인간의 생존 조건을 변용시키고 또 그 결과로 교육의 조건을 변화시켜, 지금까지 가장 확실한 것이었던 습관이나 원칙까지도 사정없이 문제 삼도록 하고 있다. 이 상황은 다음과 같은 틀에 박힌 문구로 표현되고 있다. 즉 소비사회는 낭비사회로 변해버렸다. 대중문명은 거대한 산업구조의 노예가 되어 있는 정보과학자들의 세계는 지금 컴퓨터에 의한 데이터 통신에 지배되고 있다. 최근의 30년을 총괄해보면 이러한 요소들이 모두 다른 많은 요소와 아울러 불가결한 것으로 되어있다. 이 30년을 프라

스티(Fourastie)에는 "빛나는 30년"이라 부르고 있다.

정신영역에 있어서는 무언가 매혹적이기도 하고 무섭기도 한 이 상황을 앞에 놓고 모든 사람이 스스로 물어보고, 자기와도 관계된다고 느끼는, 오늘날의 교육이 안고 있는 무거운 책임에 관하여 더욱 더 깊이 느끼고 있다. 이 새로운 조건에 적합한 교육계획을 연구·시도하는 사람도 마찬가지로, 한층 더 강하게 이것을 느끼고 있을 것이다. 나는 시끄러운 교육논쟁을 떠나서 전원의 고요함 속에서 사물을 뚜렷이 바라보고 싶은 기분으로 이 작은 책을 준비하면서 대체로 이와 같은 문제 상황에 생각을 돌리고 있었다.

*

본문을 주의 깊게 다시 보고 세부에 걸친 손질을 가했다. 그렇게 함으로써 교육자들의 주의를 환기시키는 몇 가지 새로운 교육문제를 지적할 수 있었으며, 특히 근래의 사조(思潮)에 대하여 나 자신의 입장을 더욱 뚜렷이 할 수가 있었다. 그러나 초판 고유의 성격과 통일성을 손상시키지 않도록 이 개정판에 있어서도 그 본질적 부분은 조금도 변경시키지 않았다.

어떻든 좋은 기회이므로 여기서 이 시론(試論)의 근본바탕을 상기하고, 그 나아갈 방향을 뚜렷이 하여 본서에 대하여 지금까지 제기되어온 몇 가지 의문에 대답해 두고자 한다.

이 책을 쓰면서 나는 개인의 장서에 의지하는 이상으로 여러 수준에서 나의 개인적 경험에 의거해 왔다.

우선 나는 어렸을 때의 경험, 그리고 청년으로서의 생활을 힘껏 살고, 꿈꾸고, 또 즐겨왔다고 생각한다. 유아기에는 도시 주택의 작은 뜰에 핀 꽃에 감탄했고, 이어서 초등학교 시절에는 내 방 한 모퉁이에서 누에를 치는 기쁨에 잠겼으며 좀 더 뒤에는 친구들과 함께 태어난 고장의 강둑 비탈에 나무를 심는 기쁨을 경험하여 왔다. 독자를 실망시킬지도 모르지만 우선 나의 성찰을 키워준 것은, 솔직히 말하자면, 이 아득한, 그러나 아직도 생생한 수많은 추억들이다.

다음에 교사로서의 경험이나 어린이와 관련되는 가정의 아버지로서의 경험, 그리고 학생과 함께 지낸 대학의 교수로서의 경험이 있다. 그리고 그 후에 할아버지로서의 경험이 그 때까지의 경험을 보완하고, 수정하였다. 마지막으로 심리학자로서의 경험이 있다. 또한 교육심리센터에서 임상상담으로 매년 다루어온 수백 명이나 되는 적응불능의 어린이, 청년에 관한 연구를 통하여 얻어진 경험도 있는데, 그것은 학교 치료교육의 창설로 이어지게 되었다. 초판이래, 독자들 중에는 일상적인 고찰(考察)과 실험적이고도 임상적인 심리학적 배려와의 접합에 놀란 분들도 있었으므로, 나로서는 이상의 설명을 하는 일이 필요했던 것이다.

*

본서는 계속되는 몇 가지 단계를 통하여 고찰되는 교육의 발생적 개념에 기초를 두고 있다. 그러나 미리 주지하여야 할 것은 어린이의 발달 단계를 연구하는 발달심리학이 존재하는 것과 마찬가지로, 우리는 성장의 리듬에 맞는, 점진적이고 역동적인, 전망을 지닌, 그리고 하나하나의 단계에서 미래를 향하여 긴장하고 있는 발생적 교육이 존재한다는 것을 밝혀갈 생각이다. 그것은 생리학자가 행하고 있는 "유전조작"에 관한 최근의 유전학적 연구나, 그리고 박테리아를 사용하여 아이에게 유전자의 생명을 이해시키려고 하는 실험과는 전혀 공통점이 없다는 것은 독자에게도 이해 될 것이다.

교육에 관한 고찰 속에서는, 생물과학이 사회과학과 나란히,

그러나 그것들과 일종의 균형을 이루면서, 중요한 위치를 점하고 있다는 것을 지적해 둘 필요가 있다. 예를 들어 사후에 큰 인물로 추앙 받는 사회학자 뒤르껭의 이후에는 생물학자 로스탕의 사상이 교육에 관하여 이야기하고 있다.

그리고 이들 두 가지 사이에 있으면서, 심리학자는 항상 발달적 교육의 지주가 되어 있으며, 거기서 장려되는 교육 심리학에는, 물론 프로이드의 정신분석의 성과, 아들러나 융의 연구성과도 포함되어 있다.

확실히 생물학적 지식이나 사회학적 안목은 필수적인 것이며, 그런 것 없이 타당성 있는 교육은 있을 수 없을 것이다. 그러나 나는 심리학이 가져다주는 식견은 그보다도 더 기본적인 것이라고 언제나 확언하고 있다. 그것은 어린이가 내일의 어른이 되면서 생각하고, 활동하고, 남과 사귀는 존재는 타인과 떼놓을 수 없는 그러면서도 다른 누구와도 다른 하나의 인간이기 때문이다. 그러므로 인간 성장의 경로나 인격형성에 관하여 가장 직접적으로, 가장 중심적으로 해명해 주는 것은 심리학이라 생각된다.

인간과학의 전체는 비록 서로 협력하고, 가장 좋은 조건에 있다하더라도 우리가 생각하는 발달적 교육에 대하여는, 다만 여러 가지 식견을 제공해 줄 뿐이다. 이 책은, 교육을 움직이고, 방향을 잡아주고, 목적을 향하게 하는 가치의 세계가 존재한다는 확신의 바탕 위에서 쓰였다. 다시 말하면, 어린이에 관한, 또 어린이가 커가는 환경에 관한 정확한 지식과 마찬가지로, 교육의 철학이 필요하다는 것이다. 따라서 교육의 각 단계에 있어서, 어린이와 그 교육을 보장하고 있는 사회의 필요나 가능성에 대응하는, 가치 체계가 설정되어 있다. 겁내지 않고 말하면, 우리가 특징지으려 하고 있는 교육은 행복의 희구, 인간의 자유 존중, 참된 민주주의, 최선의 사회정의 요구 등에 기초를 두는 것이다. 이 교육은 정신적인 차원과 루에가 "수직의 세계"라고 칭한 차원의 존재를 설정할 뿐만 아니라, 거기에 인간성 형성 전체에 관련되는 내적 지주를 발견하고 있는 것이다.

*

교육이란 크게 다른 관점에서 고찰이 가능한 것이다. 우리가 택한 발달적 교육관점의 경우도 같은 교육심리학적 관심으로부터 다른 접근법도 가능하다는 것을 잊어서는 안 될 것이다. 예를 들면 금세기 초에 클라파레드에 의해 정의되어진 기능적 교육과, 그 개인차의 교육 더 정확하게 말해서 개인차에 맞춘 교육이란 것을 생각하는 것이 좋을 것이다. 그것은 당연한 일이지만 지금에 와서는 대단한 세력을 얻어서, 어제는 "아이에게 맞춘 학교", 오늘은 "개인차의 교육학"으로서 추정되고 있다. 그러나 이러한 관점은 우리의 그것과 양립할 수 없는 것은 아니며, 상호간에 유기적으로 서로 연결되어 있다. 이 책에서는 발달적 측면에 역점이 주어져 있다고 해도, 다른 접근의 방식이 빠져 있는 것은 아니다. 이 점은 각 장을 읽어나가는 동안에 명백해 질 것이다.

교육전체를 계속적인 단계를 통하여 연구한다고 하는 생각 그 자체에 관하여 말한다면, 그것은 새로운 것은 아니다. 루소에서 몬테소리에 이르기까지 현존하는 교육개설의 저자들은 말할 것도 없고, 이것처럼 자연스럽고도 평범한 생각은 없다. 그러나 그것들보다도 새로운 것이 있다고 하면, 그것은 단계를 본질적인 것으로 파악하여, 그 개념 위에 교육의 전 체계를 세운다고 하는 강한 소원이다. 다른 사람이 보면 주제 넘는 것일지 몰라도, 바로 이것이 이 작은 책의 열쇠가 되는 주제이다. 또 생각해 보면 독자를 가장 놀라게 하는 것도 이 주제일지도 모른다. 유감스러운 것은 나의 분석이 아마도, 언급을 할 수 있는 일을 미연에 방지하고, 미리 반대의견에 대답하고, 독자에게 확신을 줄 만큼 깊이 탐구하지 못한 일이다.

그러나 사상적 계보에 관하여는 뚜렷하며, 이 시론은 루소에 힘 입은 바가 크다. 이 책을 쓴 이래로 내가 읽을 수 있었던 루소의 저서나 그에 관한 서적 양쪽으로부터 모두 이 확신이 얻어졌다. 그러나 이 시론은 전통적인 루소 해석과 거리가 있는 점도 적지 않다. 당시로서는 혁명적이었으나 2세기 동안에 너무나 많은 변화가 일어났기 때문에 지금은 시대에 뒤떨어진 것이 되고 말았다. 그 저자가 신교육운동의 천재적 선구자였다는 이유로, 그 이론을 고집하려고 함은 부질없는 일이고, 위험하기도 할 것이다. 왜냐하면 이 운동도 우리들이 볼 때, 그 자체가 하나의 역사적인 현상이며, 우리는 그 기원을 알고, 20세기에서 그 개화의 뒤를 거쳐 왔으나, 그것은 또 이제 확실히 퇴화해버렸기 때문이다. 존경하는 인물을 섬기는 가장 좋은 방법은 그의 저작이나 그의 과거 제자의 저작물을 칭찬하는 것이 아니라 그것들을 근간으로 하여 새로운 노력을 전개하는 일일 것이다.

그렇더라도, 신교육운동에 대한 반대에 힘을 쏟거나, 거기에 유산계급 복권의 의지가 숨겨진, 자유롭고 낭비적인 유토피아만을 보려고 할 필요는 없으며, 그것은 옳지도 않을 것이다. 극적인 태도는 그것을 귀중한 것으로 만드는 청년들에게 양보하고, 신교육의 손쉬운 해석은 무엇이나 받아들이는 정신을 가진 집요한 이론가, 무조건 개혁론자, 종교에 따르기 일쑤이며 무엇에나 이론을 내세우는 사도들에게 양보해두는 것이 좋다.

교육학적 절충주의는 더 불만스런 것이다. 철학에 있어서는 절충주의는 후퇴이며, 그 약점은 이미 잘 알려져 있다. 결국, 양립할 수 없는 것을 양립하게 하려고 해도 무리인 것이다. 어쩌면 타협점을 찾는 일은 현실생활 속에서는 아마도 필요한 일일 것이다. 그러나 그것이 타당성 있는 교육원칙이 아님은 확실하다. 우리가 관여하는 영역에서는 절도의 감각, 그것이 위험을 무릅쓰고 자라나는 아이들과 닥쳐오는 세계에 귀를 기울이고, 명민한 배려로써 현실을 탐구하는 것을 받아들이는 사상에 도움이 될 때에만 바람직한 것이다.

우리가 생각하는 발달적 교육은 대립하는 개념으로 일치시키려고 하는 것이 아니고, 전통적이면서 인위적이기도 한 몇 개의 대립점을 넘어가려는 것으로서, 이 책의 제 1장부터 그것은 명백해 지는 것이다. 그러나 그 밖에도 얼마나 많은 명백한 불합리가 교육적 논의 속에 넘쳐나서, 전망을 그르치게 하고, 실천에 종사하는 사람들에게 실망을 줄 지경이다. 때로는 볼 수 있는 경제적인 자세 저편에는 몇 가지 그러한 종류의 불합리한 태도가 있는 것이며 독자들이 그것을 발견해주기를 바란다. 이 것은 자기의 호기심과 아울러 비판정신을 길러, 터무니없는 잘 못을 저지르는 것을 피하는 좋은 방법이라고 생각된다. 따지고 보면, 그것이 새로운 독서의 방법이 아닐까 여겨진다.

*

"교육의 단계"의 초판 및 외국어로 번역된 이후 독자의 주의 를 끈 일 중에서, 염소발아이 시기에 관한 건에 관하여는 주역 을 달아둘 필요가 있을 것이다. 프랑스나 외국에서나, 교사들 은 유아와 신화에 등장하는 작은 '염소의 발과 뿔을 가진' 목신 (牧神)과의 비교에 우선 깜짝 놀랐다는 것과 동시에 프랑스의 유아학교로부터 퍼져나간 귀여운 상(像)만을 발견한 교사도 있 었던 것이다. 확실히 이것은 하나의 상이지만, 귀엽다고는 해 도 그와 동시에 대담한 상이어서, 실제로 충격을 줄 수도 있을 것이다. 그러나 3세로부터 7세에 걸친 시기를 이와 같이 표현 함으로써, 우리는 이 시기 고유의 심리적 특징의 전체상을 환 기시켜, 거기에서 필요하다고 생각되는 교육실천에 근거를 두기를 원했던 것이다.

이 책의 제한된 범위 안에서는, 염소발아이의 개념을, 생물학이나 정신분석의 견해에 비추어, 더 충분히 더 세밀한 데까지 밝힐 수 없었던 것이 유감이다. 그러나 나로서는 이 개념이 어린이 인격형성에 있어 중심적 성격을 띠고 있어서, 교육의 이 단계에 그 이름을 붙이기에 적합하다고 생각하기 때문이다.

우리가 학동기를 개념의 시대라고 한 것은, 아마도 이 시기에 어린이 사고의 발달이, 가르치는 편에서 보아, 꽤 내용이 있는 것이 되기 때문이지만 또 동시에 이 시기가, 청년기초 개념이 등장하기 전이어서, 지적으로는 아직 충분히 발달했다고는 볼 수 없을 뿐더러, 정의면(情意面)에서는 성적인 잠복기에 기묘하게 대응하는 심리단계에 처해 있기 때문이기도 하다. 따지고 보면 '관념의 시대' 란 표현은 결코 지능에만 관계하고 있는 것이 아니라는 것이다. 예를 들면, 학동기의 사회생활(그것을 나는 사회성이라 부르고, 또 대체로 말해서 생후 몇 년 동안을 동아리 의식이라 하고, 청년기 동안 형성되어가는, 더 섬세하고, 더 분화된 사교성을 구별하고 있는데) 속에도, 확실히 무언가 관념적인 면, 즉 겨우 무리를 이루고 있을 뿐 충분히 분화되어 있지는 않는 것 같은 면이 있는 것이다.

덧붙여 말하면 개념적 사고에의 접근에 선행하는 초등학생의 관념에는 도식적인데 나 정적인 데는 전혀 없으며, 플라톤 학파에서 친숙한 순수이념 세계를 예시하는 것 따위는 있지도 않다. 그러한 관념은 성장 경로에서 볼 수 있는 기본적이 다이나미즘과 연결되어 있을 뿐이다. 그러므로 그들에 대한 교육의 경직된 지적형식주의로는 좀처럼 만족될 수 없을 것이다. 이 시기는 특히 활동적 교육법에 적합한 시기이다.

도덕교육은 발달적 교육관점에 있어서 그리고 특히 인격형성을 생각할 때 아주 중요한 것이다. 현대문명의 위기 속에서 가치의 전환을 강요당하며, 어떤 사람들은 당혹하고, 주저하고, 또는 방향을 잃어, 마치 도덕교육은 그 이름을 말하기가 쑥스럽거나 하듯이, 이것을 사회성 교육이라든지 사회적 정서교육이라고 말하고 있을 정도이니 더욱 과거에 그리고 최근까지 명백한 진실이라고 여겨졌던 것을 강조하는 것은 좋은 일일 것이다. 가장 관대한 비지시적인 교육학이라고 해서 이데올로기적 방향 부여가 가장 적은 것은 아니다. 자유롭기를 바라는 발달적 교육은 무정부주의적 자유와 사람을 어리석게 만드는 조건 부여가 있는 암초와의 사이를 어떻게든 헤쳐 나가려고 노력하고 있는 것으로 결국 교육의 각 단계가 나침반과 같이 방향을 잡아주는 역할을 소중히 지키고 있는 것이다.

그런데 도덕의 계시적 발달이라는 개념에 대해 약간은 예상하고 있었던 것이지만 종교관계에 있는 교사들 마음에 경계심을 일게 하였다. 그러나 나는 이 개념이 완고하게 뿌리가 내려버린 정신적 습관과 대립할 수는 있어도 종교적 개념 그 자체와는 대립하지 않는다고 확신하고 있다. 실제로 교육의 각 단계 속에 단지 편리한 구분이 아니라 사실을 보는 눈이 있으면, 각 단계에 대응하는 계시적 도덕, 즉 습관으로서의 도덕, 규칙으로서의 도덕, 이어서 '스스로 과하는' 요구로서의 도덕이나 의무로서의 도덕까지를 설정하지 않을 수 없을 것이다. 교육자에게는, 그런 것이 학생의 가능성에 적합하다는 사실에서, 방법적으로도 필요한 것이라고 할 수 있다. 그렇다고 해서, 도덕적 생활의 본질적인 일관성이 계시적인 도덕에 의하여 손상되거나 하는 일은 없을 것이다. 그것들 전부가 윤리적인 성격을 지니는 동일한 가치목표로부터 나온 것이기 때문이다.

이상의 몇 가지 예는 이 책에 포함되어 있는 주장을 하나하나 따로따로가 아니라, 각각에 그 존재이유를 부여하고 있는 발달적 교육과의 연관성을 판단하는 편이 좋다는 것을 보여주고 있다. 결국은 누구나가 교육에 단계가 있음을 인정하는 점에서는 일치하고 있다. 다만 그 단계를 통하여 교육을 생각하는 일이 되면 일치점은 훨씬 적어지는 것이다.

*

끝으로 이 책 속에 표현된 것과 같은 교육을, 특정 지을 필요가 있다고 하면, 나는 조화와 균형 잡힌 교육이 나의 목표라는 것만을 말해두고 싶다. 자유롭고 그러나 견실한 이 교육은 좋든 싫든 대중매체가 강요하고 있는 비정규적인 교육에 대항하여 가정이나 학교에서 해야 할 역할을 부여하고 있다. 그리고 또, 어디서 오는 것이든 간에 모든 광신을 결코 용인하지 않는다. 또 매우 일찍부터 어린이를 그 환경에 연결시켜 놀이에 대한 흥미의 단계로부터 즐거운 노력의 단계로 지나가게 하면서 개개인의 표현활동을 키우는 것을 바라고 있다. 그리고 많은 문제나 위험에 직면하면서도 이 교육은 생활과 인간에 대한 신뢰로부터 태어난, 경계를 게을리 하지 않는 낙천주의를 지켜가기를 바라고 있는 것이다.

모리스 드베스

제1장
발달적 교육

1

　인간은 출생에서 성숙에 이르기까지 계속적이며 서로 관계가 깊은 몇 개의 단계 – 마치 동일한 이야기 속의 각각 별개의 장(章)과 같은 단계를 거쳐서 성장해간다. 성장은 같은 보조로 단조롭게 이어지는 과정이 아니라, 속도가 빨라지는가 하면 느려지기도 하고, 동요의 시기가 있는가 하면 또 잔잔한 시기가 이어지기도 한다. 겉으로는 변화가 꾸준히 계속되고 있는 것 같으나 실제로는 성장하는 존재가 일정하게 정해진 단계로 진행된다. 그리고 각 단계마다 특수한 심리구조를 지니고 있어서, 이것이 그 시기의 전형적 행동이 되어 밖으로 나타난다. 교육은 이 발달의 심리적 단계가 되도록 엄밀히 그 내용에 따라 이루어져야 한다.

　이러한 조건이 갖추어질 때 비로소 교육은 어린이가 지니고 있는 가능성의 전부를 가치 있는 것으로 실현시킬 수 있다고 말할 수 있다. 마치 몸매에 자연스럽게 맞는 주름 있는 장식이 파르테논의 조각의 미를 더욱더 빛나게 하는 것과 같다.

이처럼 발생적 교육이라는 것은 단순히 아이들의 연령을 고려하여야 한다는 평범한 생각만을 바탕에 깔고 있는 것이 아니다. 그것은 성장의 큰 단계들이 각각 뚜렷이 구별되는 발달의 현실에 적합하고, 그 단계들이 꼭 같이 뚜렷하게 구별할 수 있는 바람직한 교육의 방법을 결정하는 일을 가능하게 할 수 있다고 하는 확신에 뿌리박고 있다. 발달 가운데서 제각기 특징 있는 각 단계의 어린이는 다이내믹한 하나의 평형상태를 실현시킴으로써 일시적인 완성점에 도달하고, 어떤 유형의 라이프 스타일을 지향한다. 이것은 루소가 이미 "각 연령마다, 각 생활 상황마다 거기에 상응하는 완성과, 거기에 적합한 성숙도를 지닌다" 라고 말한 바와 같다. 교육학이 노력해야할 일은 이 과제를 성공시키는 일이며, 이 완성을 도와주는 것을 목표로 삼아야 한다. 교육전체의 성공은 이러한 목표들이 성취되는 성과의 결과로써 결정되는 것이다. 만일 하나의 단계가 빠졌다고 하면, 뒤에 그 어린이가 문제없는 학생으로 성장하였다 하더라도 빠진 부분은 빠진 채로 남는다. 만일 성장이 멎기 전에 중도에서 교육이 중단됐다고 하면 실패는 더욱 깊은 골을 남기게 될 것이다. 부적응아의 경우에서 흔히 볼 수 있듯이, 교육이 약간 빗나가는 것만으로도 어린이의 행위가 비뚤어지고 마는 일이 있을 수 있다.

발달에서 지배발생적인 관념이 교육의 단계에 관한 이해를 뚜렷하게 해준다. 발달의 한 시기에는 어떤 특정의 활동이 지배적이다. 예를 들면 생후 수년간은 감각 운동적 활동이 전면에 등장한다. 이들 지배발생적인 발달에는 크게 나누어 두 가지가 있는데, 하나는 사물의 인식과 관련되는 것이고, 다른 하나는 사회적 행동과 연결되는 것이다. 그러므로 어린이가 주위 사람에게 보여주는 최초의 태도는 그 감각생활과 관계한다. 교육자의 노력은 각 시기의 행동전체가 그것을 중심으로 짜여 있는 '주되는 활동'을 대상으로 하여야 한다. 그리고 교육의 성과를 극대화하기 위해서는 그 단계 동안에 이 활동을 단련시키는 일이 필요하다. 그 이전에는 시간 낭비가 될 것이며, 그 이후에는 늦는다. 이것은 몬테소리의 "느끼기 쉬운 시기"의 개념에서 이미 말한 바와 같이 그는 각 발달에서 나타나는 주된 활동을 단련시키는 최적의 시기를 "느끼기 쉬운 시기"라고 불러서 그 교육적 가치를 지적하였다. 이 최적의 시기를 굳이 체계화할

의도는 없으나 어느 정도까지는 유희의 시기, 습관 형성의 시기, 기억의 시기, 혹은 충동, 정열의 시기 등이 있다고 할 수 있지 않을까 생각한다. 근대교육학은 교육에 단계가 존재한다는 것을 인정한다.

근대 교육학은 교육에 단계가 존재한다는 것을 인정하고 있다. 이미 "에밀"이래, 특히 소슈르의 '점진적 교육' 이후, 이 단계에 대한 개념은 이미 일반적으로 교육에 관한 개념의 일부가 되어버렸다고 할 수 있다. 그러나 실제로 교육학에서는 이 개념을 교육과정의 실용적인 구분법 정도로 여겨서 거기서 생기는 결과의 전부를 받아들이기를 주저한다. 그 이유는 이들 결과가 지금까지의 사고나 행동 관습을 혼란에 빠뜨릴 우려가 있기 때문이다. 그러나 그와는 반대로, 나는 이들 단계가 그 특징, 내용, 방법, 특수한 교육학적 문제로 보나, 또는 각 단계에 공통되는 상향적 운동으로 보나 교육적 현실 그 자체를 형성한다고 생각한다.

우리시대의 교육학에 대한 비난으로서 꼽을 수 있는 것은, 어린이를 그 자체로서, 즉 어른의 특성과는 다른, 그러면서도 일종의 특권적인 성격을 지닌 존재로 취급한다는 것이다. 또 교육상의 몇 가지 문제를 마치 아동시기 전체에 해당되는 것처럼 다룬다든지, 그 해결법에 관하여도 성장의 시작부터 끝까지 확대하여 거론하고 있는 점을 들 수 있다. 예를 들면 기억의 교육에 대해 연구한다고 할 때 기억에 대한 진정한 역할을 이해하는 길은 막아버리고 단편적인 부분만 거론하는 일이 많다. 유아기의 기억은 이제 막 눈을 떴을 뿐이고, 행동(기억)하기에는 매우 미약한 구실밖에는 할 수 없다. 그러나 10세 정도가 되면, 기억은 가장 주되는 기능이어서 지능발달에 놀랄 만한 결과를 가져오기도 한다. 15세 경이 되면, 그것은 청년이 지니는 많은 지적 수단의 하나에 불과하게 되고, 이미 최고의 수단은 아닌 것이다. 그러므로 기억에 대한 교육은 발달의 각 단계에서 나타나는 기억 활동의 그 특수 역할로 밖에 생각할 수 없는 것이다.

정신의 주요기능들을 전체적으로 고찰한다고 해서 그 발달의 과정을 잊어버리고 있는 것이 아니므로, 문제의 발달적 측면이 희생되고 있지 않다는 반론도 있을 수 있을 것이다. 그러나 이것은 결국 두 가지 태도의 선택문제로 귀착된다. 즉 교육의 몇 가지 측면, 신체의 교육, 판단력의 교육, 상상력의 교육 등을 구별하고, 그 각각에 대하여 성장단계를 생각해 가느냐, 아니면 각 발달 단계를 현실적 종합을 지닌 하나의 전체로서 파악하고, 이어서 그 다양한 측면을 검토해 가느냐 하는 것이다. 그러나 이 두 가지 개념은 결코 동일치 않으며, 양쪽의 가치 또한 같지 않다. 전자는 정신적인 여러 기능을 인위적으로 분리시키는 결과로, 과거의 능력과 꼭 같이, 각 기능을 실체화시켜 버리고, 그들 기능이 성장의 일정시기에 있어서 서로 어떤 관계에 놓이게 되는가를 고찰하려고 하지 않는다. 그러므로 이 책에서는 후자 쪽에 정당성을 인정하는 방향을 택하려고 한다.

우리의 목표는 교육의 여러 단계에 관한 전체상을 파악하고, 각 단계를 현대 심리학의 성과에, 또 다른 편에서는 인간에 관한 일정한 관점에 비추어 고찰하고자 한다.

이 착상의 이중성이 의외로 여겨질 수도 있으리라. 어린이를 모르고는 교육이 불가능하다고 하는 진리는 누구나가 인정한다. 이 말이 하도 자주 되풀이 되어, 이제는 교육을 잘 하려면 어린이를 잘 알기만 하면 된다고 생각하는 사람까지 있을 지경이다. 그러므로 교사가, 교육학의 기준이나 심리학 교과서에 있는 이론을 실행하지 않으면 퇴행한 정신의 소유자로 인정될 염려가 생길 정도이다. 이것은 바로 일소해야 할 착각은 아닐까. 심리학은 확실히 그것과 더불어 있는 다른 인간들로 보완되면서 우리에게 특별히 귀중한 도움을 주고 있다. 그러므로 심리학이란 교육을 어린이에게 적합하게 만들기 위한 최상의 도구이다. 따라서 문제는 심리학을 부정하거나 그 역할을 감소시키는 것이 아니라 오히려 그 반대이다. 우리는 교육이 교육심리학에 의존해야 한다는 점을 꾸준히 주장해 나갈 생각이다. 그러나 교육을 틀에 박힌 관습의 속박으로부터 해방시켜준 아동심리학이, 이번에는 모든 인간형성이 지니는 규범적 측면에 눈을 가리게 하는 일이 있어서도 안 될 것이다. 그러한 교육에 최대의 가치를 인정하고 있는 자로서는, 심리학이 연구의 대상으로부터 예찬의 대상이 되어 남용하는 편향성을 마음 아파하고 염려하게 할 뿐이다. 이런 현상은 교육에서의 심리학주의가 교육의 현실을 왜곡시키는 것이다.

심리과학은 그 자매과학이면서 역시 중요한 구실을 다하고 있는 생물학이나 사회학처럼, 교육을 구축하는 수단으로서는 충분하지 못하다. 심리과학은 교육에 조건을 부여하며, 그것이 교육에 제공하는 식견은 필수적이다. 그러나 어떠한 교육도 사람들이 스스로 만들어 놓는 인간관(또는 철학이라고 해도 좋으나)에 기초한 방향성이나 목적성을 지니기 마련이다. 또 교육은 인간의 행위에 의미를 부여하는 가치를 두는 데 전체적인 바탕을 두고 있다. 우리는 교육의 이 제2의 구성부분을 가치의 영역이라 부르고자한다. 이것은 어린이들에 대하여 과학적인 지식을 요하는 영역과 똑같이 현실적이고 중요하다.

이들 가치 중에서 도덕적인 가치는 교육학적으로 가장 중요한 역할을 맡고 있다. 이것은 사회학적인 입장에서 보는 것처럼 단순히 사회가 만든 것의 재현일 뿐만 아니라 개인적 바람이나 행위의 이상과도 관련된다. 어린이들의 도덕적 발달과정에서도 이 두 가지 요소를 발견할 수 있다. 왜냐하면, 발달적 교육에 있어서는 도덕도 발달적 성격을 지녀야 하기 때문이다. 바꾸어 말하면, 아이들의 도덕성은 단계적으로 나타나는 몇 가지 도덕을 통하여 형성된다고 할 수 있다. 이런 생각도 발달심리학적인 생각과 마찬가지로 다소 생소한 것이어서 뜻밖으로 여겨질 수도 있으리라. 그러나 교육의 각 단계에서 생생한 현실을 볼 것을 기대하고 있다면 이 두 가지 생각이 모두 필요한 것으로 보인다. 교육의 전기간을 통하여 유일한 도덕을 지켜간다고 하면, 그것은 한때 어린이들을 작은 어른으로 본 것과 마찬가지의 오류에 빠지는 것이 되지 않을까. 우리는 어린이의 연령에 따라 그 시기의 정신구조나 능력에 적합한 습관의 도덕이나 규칙의 도덕 등을 밝혀가야 한다. 그것은 인간의 본질이 아니라 실존 위에 구축되는 교육이다.

이처럼 우리의 관점에서는, 교육이란 아이들에 관한 지식의 세계와 가치 특히 도덕적 가치의 세계에 바탕을 두고 있는 것이며, 이 양쪽을 모두 성장과정 일련의 다른 단계들에 대하여 검토하는 것이다.

그러나 그렇게 할 때에는 교육의 연계성이 어려울 만큼 분단을 냄으로써 그의 통일성을 회복할 수 없게 되지 않는가? 라는 의견도 들린다. 이 반대 의견이 발달 단계들에 심리학을 적용시키는 것이라면 이는 타당하다 할 수 없다. 왜냐하면 정신발달에는 통일성이 존재하기 때문이다. 또 이 의견이 동일한 단계들을 상정하는 교육학에 대한 것이라면 더욱 적합지 않다. 이들 단계는 하나의 공통되는 목표를 향하여 서로 협조하기 때문이다.

목표는 학생에게 자기의 인격을 확립시키는 일이며, 그 인격이란 한 인간이 동료들 속에서 자기를 규정하고 자기를 표현하는 신체적, 정서적, 지적, 사회적, 정신적 능력의 총체를 의미한다. 이 자기 확립에 있어서는 조화(여러 가지 경향들 사이의 조화, 사고와 행동의 조화, 자기와 타인 간의 조화)가 실현되어야 한다. 그러나 조화는 타협을 의미하지는 않는다. 조화를 이룬 교육이란, 머뭇거리는 행동의 제지나, 상반되는 욕구간의 볼품없는 타협 따위로 이루어질 수는 없다. 조화를 이룬 교육을 진행시키고자 하는 사람에게는 각 어린이가 가질 수 있는 고유의 가능성에 관한 지식, 정신적 양식이 될 적정한 선택이나 절도 있는 배려, 대담성을 겸비한 평형감각 등이 요구된다. 자기 확립에 관하여는 인격의 자율이라는 말도 쓰이고 있는데, 이것 또한 단계를 거쳐서 실현된다. 즉, 학생은 자기와 생활환경과의 연결을 서서히 의식화함과 동시에, 그 선택에 있어서 자유로우면서 자기의 행동에 책임을 지고 싶다고 생각하게 된다. 분별이라는 말에 발달적 의미를 부여한다면, 즉 자기생활의 스타일에 맞추어 그 나이에 알맞은 행동을 실현시킬 수 있는 자를 분별이 있다고 말한다면, 교육이란 결국 어린이로 하여금 일정한 사고에 도달하게 하는 것이어야 한다. 따라서 어린이의 분별, 초등학교 학생의 분별, 청년의 분별을 생각할 수 있으며, 우리는 그것을 각 단계에서 발견하고, 밝혀나가지 않으면 안 된다고 본다.

어린이의 발달을 지키는 일, 어린이라고 하는 조건에서 오는 약한 상태를 넘어서도록 길러가는 일, 인간의 본성에 보람된 목적을 가질 수 있는 방향성 부여 – 이런 것들이 본질적으로 교육적인 배려이다.

어린이의 주변 사람들, 특히 교사가 학생에게 작용하는 행동은, 하나의 해명적 행동, 즉 어린이의 가능성을 하나하나 해명해주는 행동이라 여겨진다. 쿠르노가 바로 지적하였듯이, 교육이란 그 아름다운 말의 첫째 의미가 가리키듯이, 인간 존재 속에 잠재적으로 숨겨져 있어서 거기에 작용이 가해지지 않으면 햇빛을 볼 수 없을 수도 있는 것을 이끌어 내는 것이다.

　그러므로 우리는 마냥 교육으로 모든 것이 가능해진다는 설에 동조하지는 않는다. 모든 사회에 속속들이 배어있는 획일화의 뿌리 깊은 지향이나, 그것을 위하여 사용되는 선전의 중압 속에서도, 그 영향 하에 있는 개인은 실제로는 각각 매우 다른 상태로 남아 작용한다. 유전적으로 이어받은 본질, 기질적 성숙도, 스스로 지닌 창조성 요인 등이 있어서 환경으로부터의 영향을 제한받고 있다. 어린이들은 순종적이라기보다는 유연성을 지니고 있어서, 남에게 배우는 것만큼 또 반대도 한다. 왓슨류의 행동주의자도 바람직스럽지 않으나 교육은 바라는 인간 유형을 하나에서 열까지 원하는 대로, 마치 자동차라도 생산하듯 만들어낼 수 있는 것도 아니다. 교육이란 다만 성장기를 통하여 아이의 인간형성에 기여할 뿐이다. 스튜어트 밀은 교육이란 한 평생을 통하여 행해지는 것이며, 환경이 부단히 개인에게 미치는 영향과 구별할 수 없는 것으로 생각하였다.

그러나 여기서 우리는 그러한 생각에 대하여는 거리를 두고, 성장의 기간에 한정시켜서 이야기를 진행시키려고 한다. 즉 우리는 출생 또는 그 조금 전으로 부터 20세 전후에 이르기까지의 사람을 대상으로 하려고 한다. 물론 이렇게 기간을 도려내는, 방법의 인위적 성격을 십분 인식하고 있으나, 학생은 이 연령에서 한 사람의 어른이 된다는 이유 때문에 그렇게 하려는 것이지 여기서 교육이 끝난다는 의미는 물론 아니다. 오늘날 성인 교육은 평생교육이란 이름 아래, 하나의 현실로서 커다란 문제로 대두되고 있으며, 우리의 시대는 그 해답을 찾는 것이 과제로 되어 있다. 다만 지면의 제약상 우리는 그것을 다루지 않기로 하는 것뿐이다.

그 대신 우리의 연구는 교육을 받아야 할 젊은이들, 소년 소녀, 장기간 면학하는 자, 일찍부터 직업교육을 받기 시작하는 자 등의 전체다. 또 여기서 고찰하는 교육은 현대의 프랑스 인을 대상으로 한다. 분별있는 자라면, 어떠한 교육이론, 어떠한 교육실천도 그것이 어떤 일정한 문화형식에 연결되어 있는 한, 국민적 성격을 지니고 있음을 감히 부정할 수는 없다. 사회학의 역할로 말한다면, 국민의식의 예견과 더불어, 그 전통에 우리의 주의를 돌리게 하고, 외국의 교육체계의 대량도입에 대하여 경계심을 지니게 하는 것도 그 하나이다. 이것은 새로운 과학의 하나인 비교교육의 연구가 그런 것과 조금도 다를 바 없다. 모름지기 국경 밖으로도 눈을 돌려, 필요하다고 판단되면 외국에서 실천되고 있는 것의 일부를 도입하는 데도 주저서하지 말아야 한다. 훌륭한 정원사가 되기 위해서는, 우선 좋은 묘목을 고를 수가 있어야 한다.

2

꧁꧂

    교육단계의 일람표를 만들기 위한 출발점으로서 어린이들의 흥미의 발달을 고찰해 보자. 이것은 나지 이래로 많은 심리학 연구의 대상이 되어오고 있다. 이 발달은 몇 개의 단계로 나눌 수 있는데, 부르자드가 스케치한 것을 기초로 그 순서를 상기해 두고자 한다.

1세까지	감각운동 흥미의 단계
2세부터 3세	말에 대한 흥미의 단계
3세부터 7세	주관 구체적 흥미의 단계
7세부터 12세	객관 특수적 흥미의 단계
12세부터 18세	가치에 대한 주관적 흥미의 단계

흥미의 개념은 듀이나 클라파레드의 훌륭한 분석 이래로 교육심리학에서는 고전적인 것이 되어 있다. 그 심리적 내용, 즉 정서적이고 지적이고 운동적인 내용은 복잡하다. 이 개념은 나에게는 퍽 개략적인 이미지 밖에는 제공해주지 않는다. 그러나 교육자에게는 이 개념이 정신활동의 대체적인 모습을 알게 하는 이점이 있으며, 각 시기에 학생의 욕구를 고려하면서 그들을 교육해가기 위한 확실한 지주가 되어 있기도 하다.

교육의 단계는 대체로 아이들의 흥미의 단계와 일치하고 있다. 그러나 약간의 수정을 필요로 한다. 흥미의 처음 2단계가 들어 있는 3년간은 가정환경의 역할이 가장 중요한 시대이므로, 우리는 이것을 하나의 단계로 보려고 한다. 반대로 12세 이후는 변화가 심하므로, 청년기의 교육은 2시기로 나누는 것이 좋다고 생각한다. 즉 12세에서 16세까지의 사춘기와, 16세에서 20세까지의 청년기로서, 이것은 이미 클라파레드가 청년의 흥미를 2단계(개인적, 주관적 흥미의 단계와, 거기에 이어지는 일반적, 집단적이면서 아직도 주관적인 흥미의 단계)로 나눈 것과 대체로 맞아떨어진다. 끝으로, 정신발달의 단계는 최고의 경계로 나누어지는 것이 아니라, 부분적으로는 서로 겹쳐져 있다는 것을 지적해 둔다. 물론 교육의 단계도 마찬가지이다.

이상으로써 서로 이어지는 5 시기의 구분이 산출되는 교육단계를 설명하고자 한다.

유아기 : 출생에서 3세까지
염소발시기 : 3세에서 7세까지
학동기 : 6세에서 13세까지(남자의 경우는 14세도)
사춘기 : 불안의 시대 12세에서 16세
청춘기 : 정열이 시대 16세에서 20세

이상의 구분 속에서, 발달심리학에서 확립되어가고 있고, 발달적 교육에서도 당연히 발견되는 구분인, 제1아동기, 제2아동기, 제3아동기 또는 소년기, 사춘기, 청춘기를 인정할 수 있다.

교육의 제1단계, 즉 갓난 아기 때는 보육시기이다. 유모가 없고 보육실이 없더라도, 아이는 집에서, 그 활동에 잘 어울리는 환경에서 돌봄을 받으며 살기를 원하는 시대이다. 이 단계는 아이가 최초의 언어메커니즘을 체득할 때까지 계속된다. 이 시기의 중요한 기능인 감각 운동적 활동은 우선 자기의 몸, 주변의 공간탐색으로부터 시작되고, 이어서 걸을 수 있게 되면 동적 공간탐색으로 이행한다. 손의 조작이 지적 형성의 주요지주가 된다. 또 뒤의 정서적 발달에 큰 영향력을 주는 최초의 신체의 조정, 이유(離乳), 청결함 등이 도덕교육에 선행하고, 그 기초를 형성한다.

3세에서 7세가 되기까지에 어린이는 이미 꽤 큰 통찰력이 날카로운 관찰자가 되어 있으나, 현실과 공상의 세계를 혼동하기도 한다. 사물과 일체화하여 어딘지 계시적이고 열광적인 정신상태를 보여준다. 내가 이 시기를 판신(반인반수의 목신)의 시기니, 염소발 시기니 부를 것을 제안한 것도 그 때문이다. 기능면에서 주도적인 것은, 놀이, 즉 어린이의 혼동 심성 사고의 표현으로서 나타나는 놀이이다. 도덕의 관점에서는, 이 시기는 무질서한 충동을 통제할 목적으로 주위가 어린이에게 주고자 하는 교육은 "좋은 습관"의 형성기에 해당된다. 이 시기에는 미덕이 순종과 혼합되어 있고, 그러면서도 늘 그것이 걸림돌이 되곤 한다.

제3의 단계는 바로 학교의 시기이다. 기억이 주도적인 역할을 담당하게 되며, 그것이 함부로 작용하면 지적인 교육을 그르치게 할 수도 있다. 초등학교 시기의 지식은 어떤 일정한 기본적 개념 하에 구조화되며, 이 유아적 사고로부터 관념적 단계로의 이행으로 말미암아 꽤 논리적 사고에 접근한다. 이 시기의 도덕에서 주요한 것은 규칙이며, 그 위에서 아직은 개략적이라고는 하나 요구하는 것이 많고 활발한 사회생활이 전개된다. 거기서는 경쟁심이 큰 역할을 하고 있다.

사춘기가 되면, 자아의 문제가 등장한다. 제2의 단계와 마찬가지로, 사물을 탐구하는 노력도 시작되지만, 이제 특히 문제가 되는 것은 자기의 발견이다. 성격의 다양성도 눈에 띄게 된다. 상상력이 풍부하고 감동되기 쉽다는 2중의 경향에 눌려 감정이 기능적으로 주도성을 지니게 된다. 초등학교 학생의 외적, 사회적 규칙은 살아가는 데 있어서의 모범, 즉 자기가 모방함으로써 불안정한 자기인격의 양식으로 삼으려는 인물상에 대한 모델이 있게 된다. 사춘기는 불안의 시기이며, 그 교육은 가장 어려운 것 중의 하나이다.

마지막 제5의 단계에 관하여는, 청년남자의 교육과 청년여자의 교육을 하나로 해서 논할 수는 없다. 그러나 남녀 모두 흥미가 확대되고 인격이 확립되어, 그 생활 속에 소년 소녀다운 형틀이 여기저기에서 허물어져 간다. 불안이 있던 곳에 정열이 자리 잡는다. 이 단계는 청년다운 교양의 단계이며, 문화의 교육을 통하여 그것을 밝고 투명한 것으로 만들고, 조정하고, 또 인간미를 부여해 가야 할 시기이다.

이상이 매우 도식적이기는 하나 우리가 연구하려고 하는 교육의 단계이다. 우리는 그 하나하나에 관하여 우선 그것을 심리학적으로 보았을 때의 특징을 말하고, 다음 교사에게 각 단계의 지주가 되는 것을 밝혀갈 생각이다. 또한 각 단계에서 일어나는 교육상의 문제를 검토하고 바람직하다고 여겨지는 해답을 제시하는 일도 요구된다.

짧은 연구이므로, 당연한 일이지만 불완전한 점이 있을 것으로 생각된다. 그러나 설명에 충분한 지면이 주어진다 해도 불완전하기는 마찬가지일 것이다. 사실 교육에는 항상 그 결과에 관하여 예기할 수 없는 것이 포함되어 있다. 우리는 교육을 사법이나 공공사업과 마찬가지로 공동체에 의한 중요한 서비스의 하나로 보는 경향이 너무 많은 것은 아닐까. 즉 우리는 교육을 금방 준비할 수 있는 형틀과 적용 가능한 방식을 갖춘, 전래의 제도로 본다. 교육학자에 의한 이 직업적인 왜곡 때문에, 어떤 교육도 만들어져 가고 있는 하나의 역사이며, 사전에 기록하기는 어려운 것이라는 것을 우리는 잊어버리기 쉽다. 교육이란 그 대부분이 생각지도 않았던 사건이나, 만남이나, 우연의 결과가 아닐까? 어떤 의미에서 교육은 모험이며, 또 계속 그래야 하는 것이다.

그러므로 이 필자는 단순한 밑그림이며, 기준이며, 방향을 정하는 것, 요컨대 교육의 단계에 관한 이론을(그것이 가져다주는 위험도 함께) 제공할 뿐이다. 독자의 개인적 사고가 자극되기를 바라는 의미에서 문헌도 싣지 않았고, 비고도 최소한으로 줄였다.

3

이러한 발달적인 개념에 비추어 보면 교육학에서 논의되어 온 몇 가지 전통적인 문제가 한결 새로운 모습으로 드러나게 된다.

버릇들이기와 교육은 서로 대조적인 것으로 인식되고 있다. 그러나 이것은 고전적인 논의, 논의를 위한 논의라 할 수 있다. 특히 학생의 연령을 무시하고 말하면 그렇다. 어른이 유아에게 과하고 있는 여러 가지 규칙이나 생활습관의 존재이유를 그에게 이해시킬 수가 없는 한, 버릇들이기는 없을 수도 피할 수도 없다. 그러나 어린이가 성장해 가면서 이 습관 형성 부분은 줄어들어, 다른 방법에 의한 형성으로 바뀌어 간다. 뿐만 아니라 버릇들이기는 동물의 훈련과는 다르다. 이것은 지적이며 감수성이 많은 존재를 대상으로 하는 것이어서, 오히려 정서적 교감위에 성립되는 행동의 조정이라 할 수 있다. 사회적인 버릇 들이기는 아마도 성년에 도달하기까지 그 명목이 사라지지는 않겠으나, 창조성이나 사고나 책임감에 호소하는 교육법 앞에 서는, 이것은 하찮은 것이다. 따라서 버릇들이기와 교육이라는 두 가지 개념은, 그 중에 하나를 택할 것이라기 보다는, 한쪽이 다른쪽으로 차츰 대치되어가는 것에 불과하다. 만두스의 "버릇 들이기에서 교육으로"라는 책명도 이름 그대로 발달과정을 나타내고 있다고 할 수 있다. 그러나 보다 소박하게 말하면, 사람이 어린이를 기른다고 하면 보육으로부터 차츰 양육으로 옮겨가게 된다고 말할 수 있는 것이 아닐까?

아이들에게 즐거운 교육을 주장하는 사람들과, 아이들의 노력을 요구하는 교육을 주장하는 사람들 간의 논쟁도, 문제를 연령에 관련시켜서 생각하면, 그 대립의 날카로움은 사라져 버릴 것이다. 실제로는 놀이와 같은 즐거운 태도를 이용하려는 사람도 있고, 반대로 공부의 구속적인 면을 바라는 사람도 있다. 그러나 그 선택은 단계의 문제에 불과하다. 유아를 교육하는 데는, 매력적이고도 이 시기에서만 할 수 있는 유희적이고 창조적인 활동에 의지하는 것은 반드시 필요하다. 그러나 아이들이 성장해 가면 별로 즐겁지 않은 노력을 요하는 공부도 가능해지고, 또 그것이 바람직해진다. 한쪽 태도에서 다른 쪽으로의 점진적 변화는 프로이드적인 견해에 따른다면, 쾌락원칙으로부터 현실원칙으로의 변화의 한 측면 이외의 아무것도 아니다. 어렵다고 생각되는 것은, 두 가지 태도를 결합시키는 일이며, 성장의 전 과정을 통하여 각각이 차지하는 부분(비중이나 상호관계)을 적절히 수정해가는 것이다.

즐거움을 위한 즐거움은, 노력을 위한 노력과 마찬가지로 피하는 것이 바람직하다. 그 대신 아이들의 깊은 욕구나 흥미에 관심을 두어야 한다. 이런 것이 연령이나 상황에 따라 놀이다운 태도를 불러일으키기도 하고, 공부하는 태도를 이끌어내기도 한다. 한 가지 바랄 것은, 교육에는 일관하여 즐거운 요소가 있는 것, 놀이가 되어버리지 않고 놀이의 요소를 유지하는 것이 바람직하다는 것이다. 이것이 페네론 이론의 본질적 특징이며, 아마도 최선의 교훈이라고 생각된다. 그는 흔히 말하여지듯이 무조건 즐거운 교육을 권장하는 것이 아니라, 즐거움을 교육상 주되는 미덕으로 생각하는 것이다. 교사는 사제가 아니다. 웃을 수 있고, 웃음으로 사람을 대하지 않으면 안 된다. 그렇지 못하면 그는 직업을 잘못 택한 자이다.

개인적 교육과 사회적 교육을 대립시키는 논쟁도 거의 관례화 되었다. 아이들 속에 개인적인 것을 지나치게 길러주면, 환경에 적응하고 거기서 자기 일을 성취해 가도록 이끌기가 곤란해진다. 사회적인 것만을 길러주면, 개미처럼 집단에 순종하는 태도나 정신만을 발달시키게 된다. 이들 양쪽 모두 좋지 않은 모습이며, 교육학자로서는 피하고 싶은 것이다. 그러나 단계적 관점에서 보는 교육에 있어서는, 이미 잠깐 보아온 것처럼, 이 두 가지 경향을 각각 거기에 적절한 시기가 있다. 즉 제2와 제4의 단계는 개성화의 시기이며, 제3과 제5의 단계는 사회화의 시기이다. 교육자의 의무는 모두 필요한 이들 두 가지 힘 사이에, 이 교대변화의 리듬 덕분에 유익한 균형상태가 실현되도록 배려하는 일이다. 또 명백한 것은, 개성화의 비중이 큰 단계가 사회적인 관점에서는 무의미하다는 것은 있을 수 없으며, 또 발달적 관점에서 고려할 때에는, 개인과 사회의 관계는 이율배반적인 것은 아니라는 점이다.

교육학적 논의에서 최후의 대립적 명제는 지육(智育)과 덕육(德育)이다. 이처럼 한 쌍으로 언급됨으로써 흔히 지육으로 대표되는 지적 교육과 그저 교육이라 불리어지는 성격의 교육이 안이하게 대치되어 왔다. 확실히 우리로서는 지육의 역(域)을 벗어나지 못하는 것을 교육으로 인정할 수는 없으며, 하물며 교과 교수 즉 지식의 전달에 한정되는 것을 교육으로 볼 수는 없다. 우리에게는, 모든 교육의 목적은 인격완성인데, 여기에는 신체, 지능, 감수성, 성격의 전부에 관련되는 통합적인 인간형성이 전제가 된다. 우리가 실현시키기를 바라고 있는 조화를 이룬 교육은, 내일의 어른을, 라블레가 꿈꾼 "깊은 학식을 지닌 사람"이나, 또는 한때 어떤 류의 부르주아사회의 이상이었던 "버릇이 잘 들은 아이", 즉 잘 길들여진 아이로 만들려는 것은 아니다. 여기서도 역시 발달원칙에 서면 적당한 조화가 유지될 수 있다. 즉 초등학생의 연령에서는 지육이 중요하게 되는 것은 아주 당연하며, 한편, 사춘기가 되면 자아 정체감 형성에 큰 비중이 두어져야 한다. 이 리듬있는 발달의 개념이 세상의 누구의 마음에나 다 든다고 할 수는 없다. 이에 대하여 "실제상의 필요"라는 편리한 표현으로 대치시키는 사람들이 있지만, 그도 그 이면에서는 지금까지 방법을 고수하고자 한다. 시험에 강한 강박관념(이것이 프랑스교육의 흠이다)이 청년기에서의 성격 교육을 말살시키고 있다. 모든 또는 거의 전부의 교육이 바칼로레아(예비고사)에로의 잘못된 속성 수험공부 때문만은 아니라 해도, 지적 형성 때문에 특성이 되고 있다. 나로서는 시험공부벌레는 결코 이상적인 학생은 아니라고 말하지 않을 수 없으나, 그렇다고 정신의 교육과 성격의 교육, 지적 형성과 도덕적 형성 사이에 결정적인 대립이 존재한다고는 보지 않는다. 왜냐하면 문화는 그 자체 속에 도덕적인 부분을 지니고 있으며, 따라서 문화적 가치로 방향이 정해져있는 청년기의 교육은 양쪽의 대립을 약화시키게도 될 것이기 때문이다.

지금까지 상기시킨 복잡한 문제가 발달교육관으로 해결된다고 말할 생각은 없다. 그러나 우리가 즐겨 논의하고 있는 문제들은, 그것을 언제나 교육의 일정한 시기에 그 위치를 정해주면서 재고하려고 한다면 그 이론적이고 절대적인 그리고 결국은 의욕적인 성격이 해소될 수 있다 해도 과연은 아닐 것이다. 그리고 거기에서 해결의 빛이 엿보이게 된다.

4

　교육자의 역할도 교육단계에 따라 달라진다. 예비적 개관 속에서 이것을 몇 마디로 밝히기는 어려우나 적어도 각 단계를 상징하는 일련의 동작으로 표현하려는 시도는 할 수 있다.

　유아기에는 아직 걸을 수 없거나 혼자서는 오래 걸을 수 없는 아이를 보육자는 자기 팔에 안는다. 이 애정이 가득한 모성의 보호동작은 이 시기 교육의 공생적 성격을 상징적으로 보여주는 것이다.

　프랑수와 모리아크는 "어린이라고 하는 것은 손을 내미는 것이다"라고 한다. 이것은 특히 제2단계에 해당되는 말이다. 즉 교육자는 후견인처럼 작은 아이의 손을 잡고, 그 아이를 둘러싸는 사물이나 생물의 세계로 최초의 발견에 동행을 한다. 교육자는 자기가 놀 줄을 알고 놀게 할 줄을 아는 사람이어야 하며, 비호자(庇護者: 편들어서 감싸주고 보호하는) 역할을 하여야 한다. 그러나 양쪽이 따뜻한 사랑으로 결합되어 있음에도 불구하고, 교사와 손을 잡고 있는 아이와의 거리가 이 시기만큼 클 때도 없을 것이다. 작은 염소발 시기의 아이와 어른의 세계와는 서로 침투한다기보다도 병행하는 관계에 있다. 그리하여 아르베르밀로의 애조 띤 지적, 즉 "그 손을 잡고 있는 자가 정신의 세계에서는 전혀 손이 미치지 않는 곳에 있을 수도 있다"는 말을 상기시키게 된다.

초등학생의 연령이 되면, 지식의 습득이 우세하게 되므로, 좋은 교사는 어린이의 손을 잡고 처음으로 하는 학습, 즉 읽고 쓰기 학습으로 이끌어간다. 어린이의 시도를 격려하고, 손으로 잘 되지 않은 곳을 참을성 있게 알기 쉬운 방법으로 정정해주면 그 손이 시행착오로부터 능숙한 솜씨로 나아갈 것이다. 어린이의 손은 활동적 교육의 도구이며, 생명선이다.

사춘기가 오면 교사와 학생의 관계는 변화한다. 청년들은 손을 초조하게 또는 반항적으로 빼려고 한다. 이 시기의 이상적인 교사란 불안 속에 있는 학생의 신뢰를 받으며 마치 겸손하고 우정이 돈독하여 곁에 있기만 해도 위로가 되고 격려가 되는 친구처럼, 어려움이 생기면 그 손을 그의 손에 얹을 수 있게 되는 교사를 말한다.

　마지막으로 가장 예민한 시기, 성숙으로 옮겨가는 시기가 온다. 이 단계 동안의 교육이라는 것은 시행을 끝까지 이끌어 온 동반자적 친구로서 청년의 손을, 교사 자신의 손을 펴서 영원히 떠다밀어서 놓아 줄 수 있어야 한다. 쓰라린 운명이지만, 그렇게 하면 된다. 교사는 학생이 자기의 도움 없이 해나가도록 가르치고, 혹시 머뭇거리면 의연하게 물리칠 수 있어야만 한다. 그러나 멋있게 모습을 감추는 기술은 멋있게 늙어가는 기술과 마찬가지로 어려운 것이다. 거기에 남아있는 것은 떠나가는 학생에 대한 마지막 손짓, 이별의 손짓을 하는 것뿐이다.

　긴 여정의 각 시기에서 단계를 밟아 사람으로서의 운명을 다하는 데 필요한 힘과 약동을 획득하게 해줄 수 있는 교사를 만났다고 하면 그 아이는 얼마나 다행이겠는가!

제 2 장
양육기

· 양육기

출생으로부터 3세까지에 걸치는 단계는 바로 양육하는 시기라고도 할
수 있다. 여기서는 교육이 육아의 형태로 나타나며, 이것은 '먹을 것을
준다'는 옛날의 의미를 되찾게 한다. 갓난아이를 교육한다는 것은, 꾸
준히 커 가는 신체의 활동을 위하여 영양을 주어 가는 일 외에 아무것
도 아니다. 이것을 위해서는 자질구레한 돌봄이 필요하다. 이것은 어떤
사람들에게는 무미건조하다고 생각된다. 그러나 교육학자에게는 세심
한 주의를 기울여야 하는 중요한 시기이다. 실제로 아이의 운명이 시작
되는 것은 이때이다. 뿐만 아니라 운명의 손이 쓰이는 것이 바로 이 시
기이다.

1

 이 시기 동안 교육자의 임무는 아이의 생리학적, 심리학적 보살핌에 따라서 양육의 조건이 형성되고 있으며, 이 때문에 생후 1년간의 교육학은 일종의 응용적 생리심리학으로 환원되는 것처럼 생각되기도 한다. 그러나 이것은 외견상 그런 것에 불과하다.

 보육기에는 성장의 두 가지 시기가 포함되어 있다. 첫째 시기는 약 12개월간 계속되는 것으로, 눈을 뜨는 시기며 또 인판스, 즉 아직 말을 하지 않는 아이의 시기이다. 2~3세에 해당되는 제2의 시기에서는 이유식과 걸음걸이와 언어의 획득이 이루어진다. 출생은, 생리학자에게는 생물이 태반에 보호된 환경에서 공기 속으로 이동해 오는 것에 불과하지만, 교육자의 눈으로 보면 이것은 훨씬 더 중요한 의미를 지닌다. 프랑스어의 아름답고 힘찬 표현을 빌려서 말한다면, 아이가 "이 세상을 찾아오자마자" 모든 것이 달라지고 또 계속 달라져 간다. 잠든 존재라고 인식되어 온 출생전의 활동은 순식간에 외적 생활조건에 대한 적응에 필요한 매우 다양한 활동으로 대체되게 된다.

일찍이 피르효가 "척수를 지닌 존재"라 부른 신생아의 활동은 사실 각별히 척수에 의존하고 있어서 퍽 광범위한 반사기능이 포함되어 있다. 즉 우선 호흡반사에 의하여 태어나는 첫소리를 지르고, 계속하여 재채기 반사나 꼭 달라붙는 반사 등이 나온다. 젖을 빤다는 것은 본능으로 보기에는 너무나 복잡한 활동이다. 확실히 이것은 거의 배우는 일 없이 실행되고는 있으나, 그래도 가슴의 젖꼭지나 젖병의 고무젖꼭지에 대한 초보적인 적응이 전제가 된다. 입술 – 죠르쥬 듀아멜이 말하는 이 "근육으로 만들어진 빨판"은 한 동안 갓난아기의 존재기반을 한 점에 집중시킨다. 즉 그의 생은 그 입술 위에 있는 셈이다.

유아의 주요한 일거리는 단순하다. 즉 자고, 먹고, 움직이는 일이다. 생후 1개월의 유아는 88퍼센트의 시간을, 그리고 첫돌이 다 되기까지도 아직 55퍼센트의 시간을 수면에 사용한다. 초기에는 깨어있는 시간의 절반은 식사, 즉 젖 먹는 일에 소비된다. 나머지 시간을 차지하고 있는 것은, 소리나 빛과 같은 자극에 반응하여 생기는 근육운동이며, 이것은 차츰 활발성을 띠어간다. 또 최초의 수개월 동안에 빠르게도 중요한 일이 일어나게 된다. 그것은 특정의 신경흥분에 연결되어 있지 않는 자발적 탐색행동인데, 이것들은 차츰 쥐거나, 만지거나, 빨거나 하는 동작으로 변화해 간다.

신경계의 성숙, 특히 신경섬유의 수초화의 결과로 갓난아기는 급속한 발달을 보여준다. 심리학자들은, 예를 들면 게젤의 경우에서 보듯이, 이것을 세밀하게 필름에 기록하고 있다. 빛이나 소리에 대한 감수성도 차츰 섬세해진다. 처음에는 경련적인 조절이 되어 있지 않았던 운동기능도 차츰 조직화되어 간다. 그리고 넷째 달에는 점점 가지 수가 늘어나는 재잘거림의 형식의 언어가 나타나게 된다. 감정기능도 뚜렷해진다. 처음에는 쾌, 불쾌의 상태의 표현에 불과하지만, 곧 왓슨이 상세히 연구한 것과 같은 몇 가지 구별된 감정으로 나뉘게 된다. 즉 우선 공포심이, 이어서 분노, 마지막으로 미소라고 하는 특징적인 행동을 수반하는 공감의 감정이 나타난다. 아직 몽롱한 이 공감의 감정 속에 성적인 것으로의 전주곡으로 보아야 하는 것일까? 아니면 이것은 사회적 생활에 대한 눈뜸이라고 할까? 이점에 관하여는 많은 부분이 불분명한 상태이다. 어떻든, 왈롱도 지적하였듯이, 어린이에 있어서는 사물에 대한 관심보다도 사람에 대한 관심 쪽이 선행하는 듯하다. 첫해의 마지막에서 볼 수 있는 모방도 일찍 나타나는 사회적 영향을 보여주는 것이다. 지적인 활동은 이 때부터 감각 운동적 활동 속에 나타나게 된다. 그리고 한편에서는 기억이 생겨났다는 최초의 표적이 아이의 행동 속에서 인지할 수 있게 된다.

이제 벌써 지적 성장이라 부를 수 있는 이들 다양한 형태의 성장을, 계속적인 일련의 활동 속에 볼 수 있게 된다. 이들 활동의 향상성이나 엄밀성은, 예부터 관찰자를 놀라게 해 온 것으로, 지기스문트는 그런 것을 기술함에 있어, 빠는(흡입)사람, 보는 사람, 붙잡는 사람, 만지는 사람, 흉내 내는 사람, 기는 사람의 단계 등, 풍부한 이미지를 지닌 이름을 부여하고 있다.

첫 돌이 되면 보통의 어린이는 보육기(유아기)의 최초의 시기를 넘는다. 어머니는 의기양양하여 "우리 아이는 무엇이나 안다"고 장담하게 된다. 그러나 이어지는 2년간은 더 중요하다. 처음 1년간에 생긴 활동의 발달에 튼튼히 받쳐져서, 이유와 보행과 그리고 특히 언어의 습득으로 아이의 행동이 변화해 간다.

이유 때부터는 아이와 어머니의 신체와의 완전한 분리를 나타낸다. 그 후로는 아이는 보다 자율적인 생활을 해가게 된다.

그러나 아직 환경에 크게 의존하고 있는 상태다. 즉 신체적 기생 다음에 사회적 기생이 오고, 이것은 이제부터 오랫동안 계속되어 간다. 사실 유아의 이유는 중요한 현상인 심리적 이유의 제1단계에 불과하다. 이것은 성장의 전과정을 통하여 나타나는 문제이며, 이것이 잘되지 않았을 경우에는 교사에게 매우 섬세하고 어려운 문제가 된다.

이유 때부터는 아이는 단지 견디고 따를 뿐이지만 걸음걸이는 매우 적극적인 참가를 필요로 한다. 걸음걸이는 정확히 말하면 학습할 수 있는 것이 아니다. 가능한 때가 오면 갓난아기는 자진해서 걷기 시작하는 것이지만 통례로는 여자아이가 남자아이보다 약간 이르다. 이 기능은 사람의 아이에서는 다른 거의 전부의 생물보다도 늦게 나타난다. 이것은 일련의 단계를 거쳐서 완성되어 가는데, 여기에는 이미 개성화의 현상이 보인다. 보육원에서 첫 돌 정도의 아기 집단을 세밀히 관찰해 보면 그 광경은 참으로 흥미롭다. 그들은 아이마다 명백히 다른 스타일로 제 나름의 생각대로 걷기를 연습한다. 보행은 아이를 우리들과 가깝게 만들고 지적 발달 전체를 촉진시킨다. 사실 보행은 그 선 자세로써 우리들과 비슷한 자세나 태도를 취할 수 있게 된다는 것일 뿐 아니라, 륄르사의 연구가 보여주었듯이 현실의 구성이라고 하는 면에 깊이 관련되어 있는 것이다.

언어의 습득은 더욱 중요하다. 이미 수많은 심리학자의 연구로 그 습득 과정이 밝혀져 왔다. 유아의 언어, 즉 외치는 소리로 시작하여, 풍부함 음운을 포함하는 옹알이나 재잘거림이나 의성음을 사용하고 있는 언어는, 그 성격은 명백히 유희적인 것이지만, 아마도 우리가 생각하고 있는 이상으로 언어학적 의미를 지니고 있다. 그러나 아기가 말을 배우는 것은 첫 돌이 지나서부터이다. 어른을 모방해서 배우는 것은 물론이지만, 또한 모방을 하나의 수단으로 충분히 이용할 수 있는 특별한 능력이, 들라크루아를 감탄하게 만든 이 "말로써 하는 걸음걸이" 속에서 작용함으로써, 언어의 습득으로 나아간다. 싫증내지 않고 되풀이하는 음절로부터 곧 외마디 문장으로, 그리고 마침내는 관계나 상황을 나타내는 문장에 이르기까지, 얼마나 경이적인 학습인가!

보행이 동적 공간의 정복을 가능케 하였다고 하면, 언어는 의사소통의 도구로서 사회적 공간의 정복을 실현시킨다. 그러나 본질적인 것은 그것이 아니다. 언어는 특히 아이의 사고를 상징(심볼)의 세계에 연결시킴으로써, 사고의 발달을 조절한다. 분절화(分節化)한 언어는 정신의 탄생을 나타낸다. 언어는 고등동물과 아이가 공존하고 있던 활기 넘치고 마음이 뛰는 세계로부터 아이를 잡아 떼어간다. 고등동물은 지혜는 있으나 입 밖에 내지 않고, 결국 말없는 영아의 상태에 머문다. 인간의 발달 속에 "제2의 탄생"이라고 할 만한 시기가 있다고 하면, 이것은 루소 이래로 경솔하게 사춘기에 주어져 있던 이름이었으나, 나는 이 이름은 바로 언어 습득기에 주어져야 하지 않을까 하고 자주 생각한다. 그러나 현실에는 제2의 출생이란 존재하지 않는다. 왜냐하면 성장의 전과정은 끊임없이 이어지는 출생이기 때문이다.

이들 새로운 능력이 나타남과 동시에 성장도 모든 영역에서 다시 계속이어 간다. 감각은 남아돌고 있으나 그 해석은 아직 빈약하다. 한편, 행동은 자기가 관여하고 있는 상황에 관하여 보다 정확히 알고 있으므로 선택적으로 된다. 감정적·사회적 관점에서는, 첫 돌이 지나서부터 사람에 대한 좋아하거나 싫어하는 태도가 뚜렷이 나타나게 된다. 사물은 단지 만지작거리는 기쁨을 주는 것만이 아니라 아이는 거기에 대상으로서 흥미를 가지게 된다. 기억은 길고도 정확해진다. 수의 개념도 싹트게 된다. 만 3세경이 되면 아이의 사고라 부를 수 있는 것이 나온다. 초보적이고 미분화한 것에 지나지 않으나, 그러면서도 그것은 이미 행동에 복잡한 의미를 부여한다, 또 언어는 발달하지만 그 사고를 남에게 전달하는 데는 아직 불충분하다. 아이의 사고는, 아직 그 자신 속에 반 정도가 묻힌 상태이다. 이 때문에 아이의 사고가 매력적이면서도 기만적인 유추 법에 의하여 정신분열병의 자폐성과 비교된 일이 있었다. 그러나 장래에 대한 모든 가능성을 갖춘 제1아동기의 사고가, 정신장해의 자폐적 상태, 파멸에 이르는 사고로 환원될 수 없음은 명백하다. 그것은 마치 꽃봉오리를 고엽으로 간주하는 것과 같다.

나는 아이에 관한 연구자의 한 사람으로서 특히 첫 돌을 지난 후에 이 사고의 개화를 보는 일, 아직 완전히 정해지지 않고 달라져가는 그 구조(아이의 사고는 이 변화하는 구조를 통하여 형성되고, 복잡해지고, 풍부해져 가기 때문에)를 엿보는 일, 그리고 이해로부터 표현으로의 순서로 사고가 자꾸자꾸 발달해 가는 모습을 보는 일이 무엇보다도 즐거운 일이라 생각한다. 위험이 있다고 하면, 이 감격적인 광경에 정신이 팔려서, 제1아동기의 교육의 일을 잊어버리고 마는 일일 것이다. 왜냐하면 이 최초의 꽃봉오리 시기부터 어떤 일정한 교육이 없어서는 안 되기 때문이다.

이제부터 그것을 살펴보기로 한다.

2

　성장의 각 단계에 있어서, 교육의 큰 사명은 학생에게 좋은 환경을 마련해 주는 일이다. 교육의 사명은 이것으로 끝난다고 말하는 사람이 있을 정도이다. 어떻든(생의 최초의 시기) 그것은 우선 태어나기전의 모태환경, 이어서 요람의 시기 그리고 보육기 동안 인데, 이 때의 환경정비의 사명은 다른 어떤 시기보다도 중대하다 할 수 있다.

　나폴레옹은 아이의 교육은 탄생 20년 전에 그 어머니의 교육으로써 시작된다고 단언했다고 한다. 그 정도는 아니라고 해도 우리도 아이의 교육은 탄생 수개월 전부터 시작된다고 단언할 수가 있다. 이 시기부터 태내 감염의 위험을 피하는 모체의 건전한 식생활이나, 심한 피로나 노고를 피한 조용하고 규칙적인 생활로써 태아에게 양호한 생존 조건을 보장해 주는 것이 필요하다. 수유중의 위생도 임신중의 위생의 연장이라 할 수 있다. 탯줄이 끊어져도 모체와 유아간의 모든 관계가 단절된 것은 아니다. 수태로부터 적어도 이유식의 완료까지, 어머니는 아이에게 참된 의미에서의 성장의 환경, 감히 말한다면, 아이는 그것과의 밀접한 관련 속에 자연스런 적응행동으로 살아가는 것이며, 교육은 그것을 돕고 있는 데 불과하다.

사람은 태내에 있는 동안에 이미 잠재적인 개성을 지니고 있다. 부모로부터 유전자에 의하여 전해지는 유산은 각 개인에게 고유의 기질이 되어 이어지는 것이며, 태아의 비정상적인 움직임에 이어서 출산기에 나타나는 이상은 신경과민한 성질의 징표인 경우도 있다. 분만 기술의 개선도 그 나름으로 교육자의 일을 쉽게 해 주는 것이다. 이 기술의 개선으로 비정상적으로 길어지는 난산에 의한 상처나 사고가 회피되어 건전한 신체가 탄생되어 가능한 한 출산시의 정신성 외상이 감소되어 온 것이다. 정신분석에서는 루크레스에 동조하여, 이 정신성 외상에 심히 집요한 감정의 원인을 구하여, 성년후의 모종의 노이로제의 기원까지도 인정하고 있다.

아이의 생후 최초의 교육적인 행위는 보호행위이다. 이것은 새로운 생활조건에 대한 아이의 적응을 돕는 것을 목표로 한다. 이를 위해 출산 전의 환경을 너무 심하게 단절시키지 않도록, 균질적이고 조용한 생활환경이 준비되어야 한다. 주지하는 바와 같이 큰 문제는 기온의 급격한 변화를 피해야 하는 일이다. 다시 말하면 추위나 지나친 더위, 습도, 바람은 신생아에게 위험하다. 인간의 태내 환경으로부터 대기 속으로의 이행을 돕는다고 하는, 바로 그 명목 하에 행하여지고 있는 모든 배려를 잘 관찰해 보면, 실제로는 배려가 부족하거나 되는대로 다루어지고 있어 놀라거나 위험스러운 생각이 들 뿐이다. 그 후에도 성장과정에서 하나의 생활환경에서 다른 환경으로, 언제나 어려움이 많은 이동시에는 그러한 배려부족이나 되는 대로의 대응을 하는 상황을 볼 수 있다.

유아란, 그 이름이 나타내는 대로 처음에는 소화관과 같은 존재이다. 물론 그것만으로 환원되어 버리고 말 것은 아니지만, 어떻든 갓난아기는 모체를 떠난 순간부터 음식 섭취가 큰 일이 된다. 자연은 수유라는 행위로써 탄생 전으로부터 그 후로의 영양섭취에 필요한 이행을 준비해 준다. 갓난아기가 자라감에 따라서 자연히 성분이 변화해가는 모유야말로 무조건 최고의 음식이라는 말을 되풀이하는 것은 평범할지는 몰라도, 인공수유가 아이의 보육에 여러 가지 해를 주는 일이 있음을 상기시켜 주는 일은 필요하다. 현대의 살균기술 덕분에 소화불량의 위험은 피할 수 있다고 해도, 인공이유란 일종의 너무 이른 심리적 이유를 행하는 것이며, 그 심리적 영향이 유해해질 수도 있다.

유아는 마시는 존재라기보다도 또 잠을 자는 존재로서, 쾌적한 휴식을 필요로 한다. 그것을 잘 알고 있는 어머니들은 아이가 태어나기 전부터 아이를 위한 둥지준비에 시간을 소비해 왔다. 이것은 포르의 음악이나 대대로 불려 내려온 자장가의 다정한 말에 있는 "여자들의 손이 흔드는" 요람일 수도 있고, 바퀴 달린 아기침대일 수도 있고 보통의 작은 침대일 수도 있으나 무엇이든 상관이 없다. 중요한 것은 아기에게 따뜻하고 청결이 유지되고, 아기의 얼굴이 부드러운 빛 쪽으로 향하도록 마련되어 있는 것이며, 아기는 그 빛 쪽으로 매우 일찍부터, 즉 시선의 집중이 가능하게 되기 훨씬 전부터 시선을 향하게 되는 법이다. 잘 잔다는 것은 십중팔구 건강상태가 양호함을 확인하는 검증법이라 할 수 있다.

또 요람 속에서도 충분히 운동다운 활동을 할 수 있어야 한다. 이를 위해서는 팔이나 발이 자유로이 움직이도록 해 주어야 한다. 물론 위험한 가죽 끈의 사용은 피한다는 조건하에, 이처럼 자유로이 운동을 시키는 방법은 오늘날 일반적으로 행하여지고 있다. 아기를 천으로 둘둘 말아서 싸버리는 것을 단호하게 반대했던 루소의 죽은 영혼도 기뻐할 것이 틀림없다. 벌써 오늘날은 천정 대들보에 박은 못에 마치 물건처럼 매달아져서, 성이 나서 얼굴이 빨개가지고 숨이 넘어갈 듯한 아기를 보는 일 따위는 없어졌다. 어떤 심리학자는 붙들어 매어져서 자라는 아기의 행동을 우리 아기의 행동과 비교할 생각으로, 그 관찰을 위해 알바니아까지 출장을 갔다는 것인데, 아마 지금은 자연스런 운동이 빼앗겨 있는 아이를 발견하려고 그렇게 멀리까지 여행할 필요는 없지 않을까. 우선 소아과의 중에는 운동은 방해되지 않을 정도에서 그러면서도 춥지 않게 해주기 위해서, 얼마동안 팔보다 성장이 느린 하지 쪽을 감싸주도록 충고하는 사람도 있다. 또 팔의 움직임을 완전히 자유롭게 하는 것 자체에도 좋지 않은 점은 있다. 즉 보육기의 아직 경련적인 움직임 때문에 때로는 자기의 얼굴을 할퀴기도 한다. 이것은 위생이나 어머니의 기분상 중대한 미관상의 우려에서 곧 문제가 된다. 어떻든 매일 일정한 시간, 예를 들면 몸단장을 시킬 때, 아이가 발가벗고 손발을 마음대로 움직일 수 있게 해 줄 필요가 있다. 아이에게는 이것이 최초의 체조이다. 그리고 수개월

후에는, 몸을 들어 올린다든지 돌아눕는 것을 도와주어, 아기의 근육이 잘 움직이게 해주어야 한다.

가능하면, 아이에게 맞는 생활환경을 준비해 주는 것이 바람직하다. 보육실이 있으면 더할 나위 없다고 생각된다. 유아용으로 설비된 작은 방은, 주위에 있는 한 사람이 지켜서, 아기에게 조용함과 평온과 최적의 조건을 보장해 줄 것이다. 이 조건을 실현시킬 수 없을 때에는, 집의 한 방의 구석에 아기가 있을 곳을 만들면, 한 동안은 그것으로 충분하다. 보육실은 갓난아기의 세계이다. 그 세계를 구성해주는 중요한 것은, 어머니나 유모, 장난감이나 아기용 가구이다. 그 방의 주요성질로서 바람직한 것은, 아기에게 단순하면서 청결하고 기분 좋은 환경을 제공하여야 하며 어수선하고 난잡한 상태는 배제되어야 한다.

3

　두 가지 기본적 욕구인 음식섭취와 수면 욕구를 만족시키는 일은, 동시에 최초의 교육적 조정을 행하는 기회가 된다.

　젖을 먹고 자리에서 자고, 목욕을 하고, 정해진 시간에 운동하기 등은, 건강한 상태에 있는 아기의 신체리듬 속에 금방 자리 잡게 되는 관습이다. 이 관습 덕에 어버이의 일이 훨씬 쉬워지고, 아기 쪽도 쉽게 자라간다. 조건적인 활동, 다시 말해서 신호와 연결되어 일어나는 반응이 이렇게 조금씩 성립되어 행동은 간단하게 조직화되어간다. 실제로 몸짓, 목소리, 태도 등이 적절한 반응을 이끌어내기 위한 신호로서의 가치를 지니게 된다. 젖병을 보고 빠는 동작이 나오는 행동 따위는 그 가장 단순한 예이다. 그러나 매우 일찍부터, 아이의 반응에는 조건반사의 기계적 동작과 동일시할 수 없는 것이 있음을 명확히 해

두어야 한다. 아이는 차츰 자기에게 의미가 있고, 기대하면서 기다리는 태도를 유발하는 전체적 상황에 대해 반응을 보이게 된다. (그러나 물론 그 기대가 만족되는 경우도 있고, 그렇지 않은 경우도 있다.) 여기에 예를 들면 모자를 쓰는 행위가 산책하러 나가는 신호가 되는 것이다. 이 보아온 신호가 평상시의 결과를 수반하지 않으면, 아이는 소리를 지르거나 울음으로써 그의 실망을 표현한다.

기능조정 중에서 가장 중요한 것은 아마도 배설, 즉 배뇨와 배변의 통제일 것이다. 이것은 첫 돌에 가까워질 때쯤부터 시작하여 차츰 효과적으로 행하여지게 된다. 여기서는 교육으로 이루어지는 부분과 성숙에 의한 부분을 구별하기가 꽤 어렵다. 아기의 주의를 강하게 끌고 있는 이 조정 작용에는 명백히 정서적인 측면이 있으며, 이 점을 강조하는 정신분석학은, 어렵게 이 통제에 성공한 경우 이것은 아이가 어머니에게 하는 최초의 성스러운 선물이라고 여긴다. 이것은 또 사회도덕이 명하는 바에 대한 최초의 복종이기도 하다. 배설의 학습은 오랜 시간을 요하는 것이며, 가족에게 많은 인내를 요구한다. 배설의 통제를 못하거나 불충분한 상태에 대하여 체벌을 과하는 것은 충분히 주의하여 피해야 한다. 이러한 체벌은 분노나 반항을

야기하고, 정서발달에 깊은 상처를 입힐 위험을 안고 있다.

초기의 신체조정의 중대한 의미를 과소평가하는 것은 위험하다. 이 조정은 누구나 할 수 있는 간단한 일이라고도 할 수 있다. 확실히 건강한 아이의 경우는 비교적 간단하다. 그러나 우리들의 편견이나 조바심이 흔히 해결하기 어려운 문제를 만들어낼 수도 있다. 또 유의해야 할 일은, 이 신체조정을 위하여 필요하게 되는 훈육의 부분이 무엇보다도 자유를 존중해야 하는 교육과 상응되지 않는 점은 전혀 없다는 것이다. 오히려 이들 초기의 신체조정이 원만히 진행되는 정도에 따라 후일의 여러 가지 교육법의 효과도 좋아진다고 할 수 있다. 신체조정이 잘 안 되는 아이는 자유에 관하여도 제대로 안 될 가능성을 지닌다.

*

보육기의 교육적인 일은 여러 가지 배려나 신체조정의 범위에 국한되는 것은 아니다. 차츰 분화되어가는 활동을 조장한다든지, 자립에의 최초의 시도를 저해하지 않는 일도 거기에 포함된다.

심리학자는 첫 돌 경부터 적극적으로 상대가 되어 주는 것이 지적 발달을 자극한다는 것을 밝혀냈다. 충분한 사회적, 감정적 접촉이 없이 혼자 놓아두면, 일부 어린이집에서 볼 수 있듯이 아기의 발달이 늦어질 수가 있다. 이것이 스피츠의 연구 이래로 호스피탈리즘(시설병)이라 일컬어지고 있다. 어머니와의 조기 분리와 거기에 수반되는 정서적 결핍이 행동의 발달을 더디게 하거나 저해한다. 어린 아이는 안기고 싶어 하고, 누군가와 놀고 싶어 하고, 남이 말을 걸어주는 것을 좋아한다. 그 욕구는 충족되면 될수록 더욱 커진다. 그러나 적극적이고 호의적인 어른의 개입이 아기의 흥미를 끌어내게 하는 요인이 되어서는 안 된다. 매번 침상에서 안아 올린다든지, 애무를 쏟아 붓는다든지, 아이를 즐겁게 하는 대신에 어른이 아이를 장난감 취급하는 일 따위는 흔히 볼 수 있는 일이지만, 이것은 아주 곤란한 행동이다. 젊은 엄마들은 아기가 스스로 깨지 않는 동안은 반듯이 누워 있는 것이 가장 편하고, 너무 움직여주면 피곤해진다는 것을 잊기가 쉽다. 누구나 할 것 없이 장소를 가리지 않고 입맞춤의 애무를 받는 것은 위생 면에서도 한심스러우며, 그것을 좋아하는 것은 주위 사람들뿐이다. 아기가 바라는 것은 배려, 알맞은 자극, 주의 깊은 부드러움이지, 아첨이나 응석 받아주기는 아니다. 아기는 또 소극적인 감시가 따른다는 조건으로 때로는 다른 작은 아이가 곁에 있어주는 것도 바라고 있다. 아기는 그들 하고만 격의 없이, 서로 비슷한 감정을 안고, 같은 모양의 활동에 참가한다.

이 단계에서는 처음부터 끝까지 감각운동적 활동이 지배적이다. 처음의 몇 달 동안에 그 활동은 별로 교육적 문제가 되지 못한다. 왜냐하면, 보통, 아이는 자기주위에 자기에게 필요한 시각적, 청각적, 촉각적 자극을 발견할 수 있기 때문이다. 어른이 아이 주위에 준비하는 것은 부족하다기보다도 과다할 정도이다. 그러나 첫 돌이 지나서 자기의 신체나 요람 속의 탐색이 방, 집, 뜰의 탐색으로 바뀐 후에는, 보다 변화있는 재료가 필요하게 된다. 물론 기능적인 놀이를 위해서는 단순하고 튼튼한 것이 있으면 제일이다. 누더기 인형이나 색 바랜 낡은 목마에 대한, 어른에게는 이해하기 힘든 아이들의 애착은 우리들에게 교훈이 된다. 호사스런 노리개는 그것을 선물한 사람의 허영심을 만족시킬 뿐이다.

보행은 참된 학습으로 되는 것이 아니라고 해서, 그 습득에 있어서의 교육자의 역할이 중요하지 않은 것은 아니다. 그렇더라도 아이를 조금이라도 일찍 걷게 하고 싶어하는 것이 관심사는 아니다. 그렇게 하면 결과적으로 오다리를 발생시킬 수도 있다. 근육을 움직임으로써 보행 활동을 돕고, 어린 인간묘목이 일어서려고 하고 있을 때의 최초의 시행의 받침을 준비하며, 자기도 그 부목이 되는 일, 나아가서 아기가 열심히 어디든지 걸어 다니려고 하는 것을 도와주는 일 따위를 할 수 있지 않을까. 그것은 걷기를 몹시 좋아하는 아기는 녹초가 되기까지 계속 걸을 수도 있기 때문이다. 페기의 아름다운 표현대로 아이들의 걸음은 어딘가로 향하려는 걸음이 아니다. 어딘가에 가는 것은 어른뿐이다. 어린 아이들은 그저 "가고 돌아오고, 뛰고, 자기 발로 길을 딛고 서는 것"으로 만족하고 있다. 그들은 언제나 그 부근을 아장 아장 걸어 다니고 있는 존재이다. 넘어지는 것은 피할 수 없으나, 그것이 보통은 문제가 되지 않는다. 노상 어른이 뒤에 붙어서 돌아가도록 시키는 대신에 우리 편에서 아이의 리듬, 그 작은 걸음걸이에 맞추어 주어야 한다. 언제든지 또는 어디서든지 주저앉을 수 있게 해주지 않으면 운동이 아이를 피로하게만 할 뿐이다. 특히 조금이라도 그들은 마음 내키는 대로 걷게 해주기를 바란다는 것을 잊어서는 안 된다. 어린이는 보행에 의하여 자립에 관한 최초의 유쾌한 감정을 얻을 수 있기 때문이다. 아이들은 어른이 인도하는 쪽으로는 가려고 하지 않으며, 도중에 자갈더미를 만날 때마다, 거기에 올라가 보고, 자기의 힘을 확인하려고 하는 법이다.

먹는 일도 다른 의미에서 섬세한 조작이며 그 학습은 이유 전에 시작되고 특히 그 뒤에 발달한다. 겉으로 보기에는 빠는 활동이 새로운 운동기능으로 바뀌는 데 불과하다. 그러나 뜬 것을 흘리지 않고 숟갈을 입까지 가져가서 입술사이에 들여 밀어서 삼키거나, 아니면 죽이 아니라면 씹어 부수는 등, 많은 어려운 동작이 모여 있으며, 특히 그 조정이 큰 일이다. 어른도 피로해 있거나 하면, 언제나 완벽하게 할 수 있는 것은 아니다. 그러므로 신경계도 미성숙하고, 이도 다 났는지 말았는지 하는 아기의 먹는 법이 서툴다고 해도, 우리들 어른은 관대해야 한다. 거기에 더하여, "혼자서" 먹는다는 기쁨도, 마음대로 걷는 것과 마찬가지로 존중해야 한다. 가령 숟가락을 막대처럼 다루어서, 죽이나 계란 노른자위가 턱이나 손가락이나 침받이 위로 흘러나오거나 할 때에도 말이다. 자립으로 가는 최초의 걸음은 실로 기묘한 과정을 거친다. 깨끗하게 잘 먹는 복잡한 동작은, 모방으로 보여주는 행동을 따라서 조금씩 체득 되어진다. 아이는 모방을 매우 좋아한다. 그리고 습관이 단단히 자기 것이 되면, 이번에는 지금까지 되풀이하여 가르침을 받아오던 규칙을 주위사람들도 잘 실시하고 있는지 어떤지를 지켜보게 되어 우리들은 깜짝 놀라게 하는 일도 일어나게 된다. 예를 들면, 어떤 할머니의 말에 의하면, 이제 겨우 유아기를 지난 손자 녀석이, 어느 날 그녀와 둘이서 점심을 먹고 있었을 때, 듬직하게 "할머니, 꼭꼭 씹어, 잘 씹어"라고 말했다는 것이다.

아기의 식사에 관한 교육은, 교육의 다른 측면과 마찬가지로, 또는 더 강하게 아이의 감수성에 영향을 준다. 왜냐하면 이 교육은 "어머니의 과외" 감정적 발달을 진전시킨다는 의미에서 어려운 시기로 여겨지는 일부의 이유가 되어 있기 때문이다. 따라서 조금씩 진정시켜 나가는 것이 중요하며, 때가 되면 우유나 모유 없이 지낼 수 있도록 아이에게 천천히 익혀가도록 하여야 한다. 또 흔히 새로운 음식에 대하여 표시하는 혐오감에 관하여도, 그 때문에 편식이 생기지 않도록, 하는 것이 실제로는 먹는 기술보다도 훨씬 더 중요하다.

언어의 습득은 수년간에 걸치는 것이지만, 특히 주의할 필요가 있는 것은 1세로부터 3세까지이다. 여기서는 어른들 말이 모방에 큰 역할을 하므로 충분한 배려가 요구된다. 천천히, 똑똑히 지껄이고, 주의 깊게 발음하고, 간결한 말이나 글을 사용하고, 틀린 것을 바로잡고, 그 후 아이가 말을 다음으로 기억해

낸다면, 그것을 자꾸만 이끌어내도록 하는 일 등이 바람직하다. 그러나 착각을 시켜서는 안 된다. 말 배우기는 배우는 말의 몇 마디를 변화시켜 버릴 수도 있고, 음(音)을 삼켜버려서 정확하게 말할 수 없는 경우도 많기 때문이다. 동요는 이것을 시적으로 증명해주는 것이다.

*

보육기에, 성격교육에 관해서와 마찬가지로 지적 교육에 관하여 이야기하는 것은 성급한 일인지도 모른다. 그러나 아이의 지능도 성격과 마찬가지로, 지금까지 보아온 것과 같은 활동 하나하나 속에, 이미 이 시기부터 나타나 있다. 따라서 마지막으로 이 제1의 단계동안 이들의 교육이 어떠한 형태를 취하는가를 간결하게 기술해 둘 필요가 있다.

보육기는 인간적 지능의 2가지 형식이 연이어서 눈뜨는 때이다. 실용적 또는 감각·운동적 지능이 그 하나인데, 이것은 문제해결이나 도구의 발명으로 새로운 상황에의 직접적 행동적 응을 가능케 하는 지능이다. 다음에 언어적 지능이 나타나서, 기호 즉 말에 관하여 작용하기 시작한다.

이들 지능을 작용시키기 위하여, 교육자는 이 시기부터 몇 가지 의지할 곳을 가지고 있다. 즉 아이의 호기심, 모방력이나 감정적 동기, 기억 그리고 창조성 등이다. 아이의 지적 형식은 조직적 교육에는 따르지 않는 것, 즉 자연히 성숙해 가는 것이다. 그러나 이 자명한 이치를 조심스럽게 거듭 말해두는 것도 나쁜 일은 아니다. 만 2세에 유아학교에 들어가는 아이도 있기 때문이다. 아이의 지적형식은 아이가 자연적인 흥미를 가지는 다종다양한 활동을 통하여 이루어져 간다. 예를 들면, 해결하지 않으면 안 되는 간단한 실용적 과제, 어떤 욕구를 만족시키기 위하여 우회적인 방법을 쓴다든지, 도구를 쓴다든지, 상자를 열었다 닫았다 한다든지, 끼워 맞추는 작업을 한다든지, 간단한 그림 짜 맞추기를 완성시키는 따위를 과제를 통하여 형성되어 간다. 자기주의 세계의 탐색은 개인적 경험의 토대가 되는 것을 획득하는 기회인데, 이것은 되풀이 하거나 상황의 유사성을 통하여 단편적이지만 제대로 된 최초의 추리형식으로 이어진다. 끝으로 교육적 유희도 많은 기능을 지닌다. 감각에 작용하고, 어휘의 습득을 돕고, 운동기능을 조정하고, 점점 어려워져 가는 과제를 해결하려고 지능에 도움을 구하기도 한다. 그러나 교육적 유희의 작용이 결정적이게 되는 것은 다음의 연령단계에서 이다.

제1의 연령단계에서의 지적 교육의 본질적인 특징은, 아마도 조직성의 결여라 할 수 있다. 아기 쪽으로부터 자연스런 적응 행동을 이끌어내게 되는 장면을 이용한다든지, 차츰 넓어져가는 이해능력을 작용시킨다든지, 다양한 흥미에 응해주도록 배려하는 등, 이 시대의 지적 교육은 마치 일정한 지향성을 지닌 즉흥연주와 같다.

우리는, 개인이 타인이나 자기 자신과 평소 어떻게 상종하고 있는가 하는 그 전체적인 모습을 성격이라 한다. 타고난 개인적인 경향을 토대로 하며, 사람은 유아기부터 몇 가지 기본적 태도를 통하여 자기를 표현하게 된다. 아기는 각각 자기에게 고유한 반응양식을 가지고 있어서, 애착성이 강하다든지, 무관심하다든지, 명랑하다든지, 무뚝뚝하다든지 하며, 좀 더 뒤에는, 말이 많아진다든지, 입이 무거워진다든지, 호감을 나타내거나 반감을 나타낸다든지 한다. 사회 환경이 그의 반응양식에 미치는 영향은 크며, 이것으로 성격이라는 것의 교육가능성이 명확하게 판단됨과 동시에, 이 교육에 대하여 충분한 배려를 할 필요성이 지적된다. 보육기에 생물학적 기능을 신장시키는 놀이나 지능의 개발을 보장하는 것만으로 만족하고, 성격의 형성은 아직 성격 그 자체가 결정되어 있지 않다는 이유로 뒤로 돌려버린다고 하면, 그처럼 불행한 일은 없을 것이다. 왜냐하면 우리도 모르는 사이에, 성격은 바로 이 시기에 구조화되어 가기 때문이다.

정동(情動)의 모습은 성격의 기본구성요소의 하나이며, 아기의 경우에 정서교육과 성격교육을 구별하는 것은 헛일이다. 이것들은 서로 굳게 결합되어 있으며, 따라서 같은 잘못에 빠지기 쉽다. 예를 들면 부모가 아이에게 불유쾌한 맛을 일체 보지 않도록 노력하는 일이 도를 넘은 경우, 성격적으로 곤란한 결과가 될 수 있다. 즉 지나치게 응석을 받아준 아기는 금방 무엇이든 자기 마음대로 하려는 아이가 되어버린다. 공포심도 또 중대한 교육상의 실패를 초래하는 수가 있다. 두려움은 어린 시절의 감정 안에서는 상당한 비중을 차지하고 있으며, 어둠이나 고독에 대한 두려움은, 왈롱이 말하고 있듯이 일종의 기대하는 감정이 생기는 것과 동시에 그 기대가 나타나서, 초기의 지적 연합활동에 대한 받침 구실을 하고 있다. 즉 눈이 떠 있는 동안은 언제나 누군가가 곁에 있어야 한다든지, 아니면 언제나 빛이 눈에 들어오리라고 하는 두 가지 상황에 너무 익숙해지게 해서는 안 된다. 그렇지 않으면 아기는 혼자 있는 일이나 어둠

속에 있는 일을 참아낼 수 없게 되고 말기 때문이다. 만일 처음 수 주간, 즉 아이가 아직 사물의 분별이 가능해지기 전에 아기를 가끔씩 혼자 두거나, 밤에도 불 없이 지낼 수 있도록 하면, 젊은 부모들이 몹시 걱정하는, 어둠이나 고독에 대한 공포심이 생기지 않고 지나가는 경우도 매우 많아질 것이다. 물론 이 경우에도 몰래 지켜보는 것은 조금도 상관없는 일이지만 할머니들은 틀림없이 이런 방법에 눈살을 찌푸릴 것이다. 그러나 그것이 심하다고 느끼는 것은 (아기쪽이 아니라) 할머니들 뿐이다!

일반적으로 말하면, 성격교육에서 문제가 되는 것은, 인간의 2가지 개원적 영향, 즉 힘에 대한 욕구와 전성기기(前性器期) 적인 형태에서의 성적 욕구의 발현을 감시하는 일이다. 힘에 대한 욕구가 만일 권위적인 태도에 의해 저해되면, 일찍부터 아이에게 불쾌감이나 불안감, 열등감을 갖게 하는 것이며 이것은 장래의 신경증의 원인도 될 수 있다. 또 이미 호기심이나 즐거움의 원천이 되어 있어서, 아주 좋아했다가 질투했다가 하는 형태로 나타나고 있는 두 번째 욕구를 급격하게 억압하는 것은 욕구불만이나 버림받은 기분을 야기할 위험이 따르지 않을 수 없다. 많은 가정에서 아기의 본능적 감수성이 어떠해야 한다는 것을 충분히 모르고 있는 것이, 이 최초의 단계에서의 교육상의 실수의 주요원인의 하나가 된다.

　부모의 온화하고 애정이 가득한 태도는 작은 아이의 정서적 안정에 최고의 보증이 된다. 이것은 공격적인 반응에 브레이크를 걸고, 형제간의 질투에서 생기는 행동을 예방하고, 오히려 아이의 공감으로의 욕구를 자극하며, 이렇게 하여야만 성격은 다음의 연령단계에서의 어려움을 대처하는 데 필요한 조건을 갖추어가게 된다. 최초의 3년간은 아이가 어머니, 아버지, 형제자매, 그 밖의 사람들에 대하여 취하는 성격적 태도는 아직 뚜렷하게 정해져 있지는 않으나, 이미 어느 정도의 방향설정은 되어 있다. 따라서 출발점부터, 서투름이나 편견이나 지나친 욕구 등으로 아기와 주위와의 관계가 왜곡되지 않도록, 세심한 주의를 기울여야 한다.

*

　차례로 눈 떠가는 하나하나의 기능에 교육자가 신경을 써도 혼란이나 부족함이나 치우침이 생길 수가 있다. 또 우리의 인내와 지성에까지 시련거리가 되는 곤란한 습관, 예를 들면 손가락을 빠는 습관 등이 정착할 수도 있다. 이러한 최초의 이상은 특히 운동기능이나 언어의 영역에서 두드러지고, 또 정서적 사회적 관계의 영역에서는 특히 미묘한 문제를 수반하고 있다. 이런 것은 최초의 연령단계에서의 신체의 질병처럼 의사의 권한에 속하는 이상이다. 가정에서 어린아이의 성장이 정상인지 어떤지를 아는 최선의 방법은 첫해에는 3개월마다, 그 이후는 6개월마다 행동테스트를 받게 하는 일이다. 아이에게 무언가 이상한 데가 있다고 알아차리고도, 때가 지나면 어떻게 될 것으로 생각하는 부모가 너무 많은데, 조기에 의학적 치료를 받는 것만이 효과적인 경우도 적지 않다. 오늘날 우리들은 지젤이나 불러에 의한 발달스케일에서 착상을 얻은 자그마한 테스트 배터리를 가지고 있는데, 이것은 프랑스에서는 지금까지 보육원에서만 사용하고 있으므로, 그 이용을 일반화하는 것이 필요하다고 생각된다. 이것은 오늘날에는 다행히도 일반적 습관이 되어 있는 정기 체중 측정과 동등하게 필요한 것으로서, 그 정도까지 베이비 테스트의 이용이 보급됐을 때에는 어리석은 테스트주의에 빠지지만 않는다면 유아기의 교육심리학은 결정적인 발전을 이룩하고 있을 것이다.

4

　보육기의 교육은 전체로 보았을 때 다소 특수한 성격을 지닌다. 서두에서도 말한 바와 같이 이 기간은 양육기라고도 할 수 있으며, 여기서는 보호와 자극이 아이의 성장을 촉진시키는 두 가지 기본적 방법이 된다. 그러나 인간의 양육인 이상 지능이나 감수성이나 운동기능의 획득에 관심이 집중되어 있다. 아기의 교육이 실제로는 위생과 혼동되는 일이 있다고 할지라도 여기서는 신체의 위생과 같은 정도로 정신적 위생이 문제가 된다.

　교육하는 내용은 적어서, 그 역할이 유난히 소극적으로 비칠 것이다. 그것은 이 연령에서는 신체기관의 성숙이 발달의 기본 요소로 되어 있기 때문이다. 환경의 교육적 작용에 대응하는 학습보다도 아이 속에 인간의 생물로서의 원형을 재현하려 하고, 또 단순한 성장작용으로 끊임없는 진보를 가능케 하고 있는 이 자연스런 변화 쪽이 발달에는 더 중요하다. 그러나 실제로는, 성숙과 학습과는 나누기 어렵게 결합되어 있어서, 한쪽은 다른쪽이 가능케 한 활동을 완성시키도록 돕고 있으며, 발달에는 양쪽이 다 필요하다. 최초의 단계에서의 교육자의 "교육"기술이란, 신체기관의 성숙을 한 걸음 한 걸음 따라가면서, 연습을 통하여 거기서 최대의 효과를 거두도록 하는 것이다.

이 최초의 단계는, 그 자체가 여러 가지 행동수준에 대응하는 많은 성장단계로 나뉘어져 있을 정도여서, 거기서의 교육의 일은 유난히 어렵다. 이 이후 다시 발달의 국면이 이만큼 빠르고 단조로우며, 또 냉엄하리만큼 어김없이 계속하여 전개되는 때는 없으며, 따라서 교육적 경영을 그 발달의 각 국면에 유효하게 맞추어나갈 수 있도록 발달에 관하여 잘 이해하고 있지 않으면 안 된다.

끝으로, 이 초기교육단계에서는 어떤 경우에도 우선 강조해야 할 것이 가정환경, 특히 모자관계의 결정적인 중요성이다. 유아기에 있어서, 보육원이나 유아학교는 가정의 상황이 아이에게 위험하다든지 결함이 있는 것으로 밝혀졌을 때에 한정되는 최후의 수단이다. 어머니와 가정은 아기에게는 수호신이 되기 때문이다.

어린아이의 교육은, 아이가 그 연령에 고유한 생활스타일을 지니게 되면 성공한다고 말할 수가 있지 않을까. 건강한 아이란 우선 건전한 식물처럼 지주(보호자)에 받쳐져서 무럭무럭 자라고 있는 아이를 뜻한다. 또 자기를 둘러싼 작은 세계를 탐욕적으로 알려고 하는 아이를 뜻한다. 그는 활동이나 놀이를 좋아하고, 주위사람, 특히 어머니와 애정으로 맺어지고, 그러면서도 이미 자기 고유의 행동양식으로 자기를 주장한다. 그리고 어떻게든 짧은 말을 구사하여 자기를 이해시킬 수 있는 아이로 성장한다. 이러한 아이들의 경우는, 처음으로 하는 신체조정도, 처음으로 하는 여러 가지 학습도 모두 잘 되어가고 있다고 볼 수 있다. 그는 우리가 보통 "얌전한 아이"라고 부르고 있는 그런 아이가 아니다. 그것은 낮잠이나 놀이나 웃음과 마찬가지로, 이 아이는 성가시게 떠들어댈 때도 있고, 화내기 쉽고, 고함소리를 지르는 것도 타고 난 성질의 일부로 가지고 있기 때문이다. 그렇지만 행복한 성장이나 정서적인 안정이 보장되면, 처음으로 나타나는 분별이라고 할 만한 것도 볼 수 있다. 그리고 생활 스타일은 획일적이 아니다. 여자 아이의 생활스타일은 남자아이의 그것과 완전히 같지는 않을 것이며, 아이 한 사람 한 사람에 따라 배우고 익히는 방법이 조금씩 다르다. 다만 그러한 차이는 있어도, 역시 세계의 모든 어린아이에게는 공통적인 하나의 가족과 같은 데가 있다. 우리가 자기의 귀여운 학생을 마주하고, 감탄과 부드러움을 듬뿍 머금고 "이 아이는 눈떴다"라는 아주 흔히 있는 표현을 쓸 수 있을 때, 보육기의 본질적인 사명은 이룩되었다고 할 수 있지 않을까?

제3장
염소 걸음걸이의 어린 시기

· 염소 걸음걸이의 어린 시기

우리가 '어린이'라고만 하고 그 이상 정확히 말하지 않고 이야기하고 있을 때 대개는 곧 5세나 6세의 꼬마를 머리에 떠올린다. 이것은 전혀 놀랄 것이 못 된다. 그것은 3년째부터 7년째에 걸쳐 있는 단계는 사실 어린이 시기 전체를 통하여 가장 어린이다운 때이기 때문이다. 여기에는 선행단계보다도 훨씬 풍부하고 변화 많은 정신생활이 있고, 그것도 어른의 그것과는 뚜렷하게 다르다. 또 이 시기는 교육이 어린이다운 혼을 자유로이 꽃피워가는 시기이기도 하다. 그야말로 최상의 어린이 시기이다.

1

유아의 교육조건이 되는 기본적 사실은, 간단히 말하면 다음의 3가지로 환원된다. 우선 어린이는 인격(자아)의 감정이 싹트는 시기를 거친다. 동시에 혼동 심리라고 특징지을 수 있는 외계에 최초의 표상기능이 싹튼다. 끝으로 복잡하고도 충분히 구조화된 활동, 즉 놀이 속에 자기를 저절로 표현하는 방법을 찾아낸다.

인격의 기본이 되는 것은 이미 유아시대부터 있었으나 자기와 자기가 아닌 것의 구별은 아직 불완전하였다. 번필드에 의하면, 이 구별은 이유기가 끝나는 시기까지는 거의 나타나지 않는다고 한다. 그것은 3년째쯤이 되며, 어린아이가 "나" 다음에 "내가"라는 대명사를 쓰기 시작하는 때가 되면 겨우 뚜렷해진다. 그러나 이 새로운 일의 중대성을 심각하게 받아들여서는 안 된다. 그 출현은 명백히 환경에 따라 달라지고, 연상의 아이인지 연하의 아이인지에 따라서, 남자아이와 여자아이에 따라서도 달라지기 때문이다. 어떻든 이 때쯤부터 인격의 감정은 몇 개의 놀(파도)을 거쳐서 굳어져 간다. 이것은 해안으로 밀리는 밀물의 파도처럼 다음다음으로 이어지고 서로 겹쳐지는 놀이며, 이러한 과정은 성장의 과정에서 혹은 다른 데서도 볼 수 있다.

우선 나오는 것은 반항의 행동인데 이것은 왈롱에 의하여 매우 훌륭하게 연구되어 있다. 이것은 이미 3년째에 접어들기 전부터도 자기주장의 욕구로서 나타나, 많은 경우 심술을 부리거나 말을 안 듣는 따위의 형태를 취하는 일이 있고, 때로는 일시적인 거절 태도로 바뀌는 일도 있다. 이시기에 볼 수 있는 "제멋대로 굴기"는, 인격발달상 중요한 의미를 가진다. 아이는 이것으로 해서, 보다 명확하게 주위의 사람들로부터 자기를 구별하게 된다. 형이나 누나가 있는 경우에는 연하의 아이쪽에 보다 큰 자립성을 획득하려는 집요하기까지 한 노력을 볼 수 있으며, 이에 메티치 부인이 대단히 전형적인 사례를 제시하고 있다. 3세의 반항기의 위기는, 그 나타나는 방법에 개개의 아이에 따라 차이는 있어도 많든 적든 "어느 아이에서나" 볼 수 있는 것이 보통이다. 이것이 너무 약한 것은 성격의 불안정의 표일지도 모르고, 또 이것이 대단히 강하게 오래 가는 경우는 정신병리적인 편집의 우려도 있다.

이 반항행위에 이어서, 일종의 자기현시(自己顯示)의 시기가 나타난다. 여기서는 2가지 수단이 사용된다. 하나는 전체적으로 능숙하게 된 몸 가누기를 이용하는 것이다. 즉 몸 가누기가 서툴던 아기도, 4세쯤 되면 그것이 유연해지며, 특히 여자아이의 경우, 동작은 아직 좀 둔한 데가 남아 있으나 일종의 우미함을 획득하여 퍽 매력있게 된다. 홈브르거가 기술한대로 이 연령은 아주 애교스러운 시기이다. 아이는 음악의 리듬에 민감하여 춤추기를 좋아하며, 그 애교스럽게 떠들어대는 수다스러운 만족감은 표면에 나타내면서 큰 몸짓이나 태도로 점잔을 빼면서 걷는다. 또 하나의 자기현시법은 타인의 칭찬을 구하는 일이다. 남의 마음에 들고 싶다는 욕구를 가지며, 타인의 주의를 자기 쪽으로 끌고 싶어 하고, 한 눈으로 어른을 의식하면서, 상당히 대담한 태도를 취하기도 한다. 어린이다운 허영심에서, 현실의 일이든 공상상의 일이든, 자기의 우위성을 과시하고 싶어 한다.

이 밖에 자신을 풍부하게 하는 데 도움이 되고 있는 행동은 어른의 모방이다. 5세로부터 7세에 걸쳐서 어렸을 때와는 모습을 달리하면서, 또 열심히 모방을 하게 된다. 기욤이 그 중요성을 지적한, 제1아동기의 2년째부터 거의 의태(擬態)에 가까운 무의식의 모방이나 가까운 사람에의 정서적 동일화 보다 분화된 모방으로 변해간다. 그리고 아이가 모방하려는 역할이 다종다양하다는 데서 그것이 인격을 풍부하게 하는 것이 된다.

모방행위는 아이의 초기학습을 돕는 것이며, 자발적 활동과 평행하여 진전되어간다. 자발적 활동 속에는 선행단계 때보다 훨씬 풍부한 창조성이 나타나는 것이며, 교육자는 모방의 과정과 균형을 맞추면서, 이 자발적 활동을 격려하고 자극해 주지 않으면 안 된다. 창조성과 학습과는 서로 배제하기는 커녕, 서로 유효하게 영향을 주고 받을 수 있으며, 양쪽의 연합이 조화된 교육의 진보를 위해서는 필요조건이 된다.

인격의 감정이 싹트는 일은 강한 감정생활과 맞물려 있다. 어머니 또는 가족의 다른 멤버에 대한 강한 애착은 긴장이나 무의식적인 경쟁심, 질투심을 야기 시킬 수도 있으나, 그 결합이 조금 느슨해지면, 보통 침착성을 되찾게 된다. 반대로 그것이 해결되지 않은 채로 있으면 유아기의 콤플렉스는 상처입기 쉬운 많은 감정의 갈등으로서 유아기의 무의식 층에 남게 된다.

이 단계에서 형성되어가는 외계표상의 방식에는 예비지식이 없는 교사를 놀라게 할 만한 데가 있다. 3세는 질문하기를 좋아한다. 자기가 준비한 답을 가지고, 아이는 자기 나름의 우주를 구축해간다. 피아제학파나 왈롱학파 연구의 덕으로, 우리는 어린이의 사고의 메커니즘을 상당히 알게 되었다. 이것은 전체적인 성격을 갖는다. 즉 아이는 사물을 아직 잘 분화되어 있지 않는 전체로서 지각한다. 분석도 통합도 무리이고, 오히려 흑과 백, 바람과 연기를 연결시키는 것과 같은 짝짓기 사고를 즐겨 행한다. 처음에는 말도 할 줄 모르지만 차츰 지어낸 말을 하거나 거짓말을 하게 된다. 어른처럼 정리된 인과법칙에 따른 것을 설명하지는 못해도 그 대신 천진스런 의인화 작용에 의해 자연현상에 인간적 동기를 부여하거나 또는 그 현상을 자기가 꾸민 이야기로 설명하려고 한다. 마치 씨앗을 파는 상인이 "제멋대로의 설명"을 하는 것과 같다. 또 모든 것을 목적 원인론적으로 파악하여, 어린아이는 생물도 사물도 자기가 사용하기 위해서 자기의 이익을 위해서 만들어진 것으로 믿고 있다. 피아제는 이 혼돈 심성적 사고에 자기중심성이 나타난 것으로 보았는데, 이것은 암암리에 자기를 우주의 중심에 두고, 우주가 자기를 위하여 존재하는 것으로 보고, 타인의 입장에 설 수가 없다는 특징을 가지고 있다.

그러나 어린이의 언어적 지능의 이 혼동 심성적 활동을 어떻게 해석하든 간에 잊어서는 안될 것은 이미 본 바와 같이 언어 습득에 선행하는 실용적 지능이 제2아동기를 통하여 항상 계속하는 중요한 것이라는 점이다. 그 메커니즘은 레이의 실험에 의하여 밝혀진 바 있다. 실용적 지능은 어린이의 사고에 경험적 성격을 부여하고 있으며, 언어주의의 지나침에 대한 보호구실을 할 수 있다.

놀이는 이 시기의 어린이에게는 자연스런 활동 형태이며, 클라파레이드가 유아기에 부여한 유명한 정의 "유아기는 놀기 위해 있다" 와 완전히 부합된다.

유희적 활동은 3세보다 훨씬 전에 시작되지만, 그것이 꽃피는 것은 그 후의 수년간이다. 아기의 기능적 놀이에 유아가 스스로 만들어내는 놀이가 첨가된다. 이것은 이 시기에 특히 강한 창조나 자기표현의 욕구에 호응하여 나타난다. 5세경이 되면 특히 여자아이의 경우 놀이의 종류가 크게 발달한다. 즉 운동놀이, 정서적 놀이, 지적 놀이, 게임 등이 있으며, 이것들은 이미 성별에 따라서도 차이가 있으나 특히 환경과 개인에 따라서도 차이가 나게 된다. 놀이가 그 전형적인 구조를 보여주는 것도 이 시기다. 예를 들면 흉내놀이 등이 있는데, 이에 관하여는 샤또가 훌륭하게 분석하고 있다.

5, 6세쯤 되면 놀이는 실제적으로는 또 하나의 활동과 겹쳐지기 시작한다. 양쪽의 구별이 처음에는 어려우나 차츰 그 활동의 특징이 뚜렷해진다. 예를 들면 한 아이가 신문지 구석에 무언가 마구 그린다. 손에 쥐었다 놓았다 해보거나 이름을 붙이기도 한다. 어머니를 부르는가 했더니 종이를 버리고 개를 쓰다듬으러 뛰어가고 또 되돌아와서 조금 더 그림을 그리거나 하는 따위 – 이 아이는 놀고 있는 것이다. 그러나 또 한 명의 어린이는 집을 만들기 위해 나뭇조각을 모으고, 계획을 뚜렷이 가지고 부족한 부분을 찾으러 가고 전부가 끝나기까지 멈추지 않고 계속했다. 겉보기에 이 어린이도 놀고 있는 것 같아도 실은 일의 태도를 체득하고 있다고 할 수 있다. 어린이에게 있어서 놀이와 일 사이의 중요한 차이는 어린이가 보여주는 흥미나 즐거움 속에 있는 것도 아니고, 일 자체 속에 있는 것도 아니다. 그것은 어린이로 하여금 열중케 하는 일이 있는가 하면 싫증나게 하는 놀이가 있기 때문이다. 놀이라는 것은 놀고 있는 자의 마음대로 시작되기도 하고 끝나기도 하는데 놀이에는 시작과 끝이 있고 일정한 방향으로 향한 행위의 지속이 필요하

다. 흔히 이 2가지 태도는 동일한 활동 속에서 교대로 나타난다. 이 연령기에서의 놀이는 어떠한 활동형태라도 취할 수 있으며 어른에게 놀이가 휴식과 여가의 자유 활동인 것과는 사정이 다르다. 어른의 놀이는 "강제된 일" 이라고 왈롱이 명명한 노동과는 명백히 대립된다. 즉 제2 아동기의 놀이는 본래의 놀이만이 아니라 예술이나 노동이나 기도 등 뒤에 가서는 다종다양한 활동으로 정의할 수 있는 활동을 전부 모은 것이다.

자기주장, 혼동 심성적 사고의 성립 그리고 놀이는, 실은 어린이 인격의 3가지 측면에 불과하다. 이것들에 의하여 아기에게는 불가능했던 처음 있는 인격적 적응이 실현된다. 물론 아직 한정적이고 취약하고, 폐쇄적이고, 보호된, 그리고 다소 인공적인 세계에서 자라고 있기 때문이다.

아이는 어른의 작은 모형은 아니다. 충동적이고 변덕스럽고 호기심이 가득 차 있고, 말 많고 놀이나 이야기를 아주 좋아하고, 때로는 헛소리 증세라고도 할 만큼 지어낸 이야기를 하는 등, 자기고유의 생활스타일을 자연히 지향하고 있다. 여자아이도 남자아이도, 작은 체구에 큰 머리를 싣고, 그 몸으로 돌아다니느라고 야위었고, 동작은 유연하고, 얼굴은 빛을 발할 정도로 그의 주의를 이끄는 외계에로 향해져 있다. 이러한 모습은 그리스신화 속에 등장하는 판(Pan)의 피리를 입술에 물고, 숲 속 빈 터에서 춤추고 있는, 경쾌한 염소 발을 가진 목신을 떠올리게 한다. 이 작은 목신처럼, 아이는 어린 동물과 공통되는 무언가를 계속 지니고 있다. 발굽 발은 가지고 있지 않으나 염소의 발로부터, 그 삶의 전념성, 본능, 천진스런 대담성, 그리고 아직 아주 친절한 흙과의 가까운 연결을 이어받고 있다. 그의 물활론(物活論)적 사고에는 인간의 생활과 동물의 생활이 혼동되어 있는 점이 많고, 신화의 경우와 마찬가지로, 현실과 상상이 뒤섞여 있다. 아이는 청년과 같은 정도로 자연을 사랑하고 있다고는 할 수 없다. 어린이는 그 이상의 것을 안고 있다. 즉 어린이는 그 속에서 살고 있으며, 그것은 일종의 참여이며, 행복한 도취 속에 있다고 할 수 있다.

이 교육의 제2단계는 그야말로 내가 염소발아이시기라 부르기를 제안한 것과 어울린다.

2

이상에서 보아 온 바와 같이, 교육자로서 해야 할 일이 어떠하여야 할 것인지를 쉽게 알 수 있다.

특히 외적인 생활에 의한 인간형성을 목표로 하고, 어린이를 생물이나 사물로 향하게 하는 외부적 움직임을 이용하는 일이 문제가 되는데, 이를 위해서는 무엇이 효과적인 방법일까.

내성(內性)이 수단이 되어주기를 기대하는 것은 무리이다. 이 연령의 아이는 무엇보다도 자기의 눈이나 귀나 손으로 생각한다. 신체로 생각한다고 해도 좋다. 그에게는 이것이 아직 가장 몸에 맞는 사고방식이다. 우리들도 완전히 철이 들었을 때, 아주 현실과 동떨어진 생각을 낳는 지나침이나 환상으로부터 몸을 지키려고 생각한다면, 이처럼 신체로 생각하는 사고를 유지하여야 한다. 그러기 위해서는 아직 어렸을 때 이 실용적 지능을 충분히 사용해 두지 않으면 안 된다. 한편 어린이는 차츰 언어에 의해서도 생각하게 되어간다. 다만 언어적 지능은 아직 충분히 작용하지 않으므로 아이의 외계표상은 자기중심적이고 혼동 심성적인 성격을 지니게 된다. 교육은 이 2중성을 충분히 고려하여 이 두 사고형태 사이에 일정한 평형이 유지되도록 해야 한다. 즉 감각 운동적 경험태도가 공상적인 혼동 심성과 균형을 이루도록 하는 일이 필요하다.

의지적 노력을 기대하는 것도 무리이다. 이 연령에서 어린이에게 힘을 발휘할 수 있는 것은 즐거움뿐이다. 염소발아이의 교육은 어린이의 흥미를 끌고, 호기심을 자극하고, 그 약동을 돕고 그에게 만족을 가져다주는 것을 토대로 해서만 성립된다.

질문기의 어린이들은, 그 변하기 쉬운 호기심, 즉 자기가 모르는 것, 이해하지 못하는 것에 대한 놀램이나 더 알고 싶어 하는 탐욕스런 바람에서 생기는 호기심을 나타낸다. 보다 정확히 말한다면 어린이의 호기심은 무언가 감정 이입의 요소를 지니고 있다고 해도 좋다. 감정이입이란 미국의 심리학자에 의해 연구된 현상으로서 타인의 활동에 상징적으로 참가하는 현상을 말한다. 그 가장 단순한 예는 축구시합 관전자의 태도 등에서 볼 수 있다. 예를 들면 열심히 승부의 흐름을 쫓고 있는 사람은, 게임을 주시하고, 자신도 모르게 선수의 발이나 몸의 움직임을 흉내 내는 일이 있어, 관객이 만원일 때 옆 사람의 빈축을 사기도 한다. 감정이입은 감정적 영역에서의 공감을 운동면에다 옮겨놓은 것과 같은 것으로 냉정한 방관자의 태도와는 정반대다. 아이의 세계에서도 마찬가지 현상이 일어난다. 그의 호기심은 언제나 무언가의 동기를 가지고 있으며, 언제나 적극적인 참가를 수반한다. 아이는 사물을 이해하기 위해서 그것에 밀착한다. 아이가 우리들의 관심사의 하나, 예를 들면 천정의 구멍, 모터의 소음, 달 등에 흥미를 나타낼 때, 그 자신이 어느 정도 그 관심사 그 자체, 즉 구멍이나 소음이나 달이 되어 있는 상태가 된다. 그러므로 이 호기심은 그의 교육에 있어서 가장 강력한 지렛대의 하나가 된다. 그러나 예를 들면 아이는 어떻게 태어나는가? 라는 호기심에서 오는 질문이 우리를 난처하게 한다고 하여 아무 대답도 하려 하지 않는 것은 잘못된 것이다. 권위적으로, 또는 적의를 품고 이 물음에 대답을 거절함으로써, 이 호기심을 억압하는 것이 그 이후의 모든 지적 호기심의 원천을 고갈시키는 일로 연결된다고 단언하는 사람도 있다. 이것은 약간 지나친 말이지만, 적어도 아이의 질문을 존중하지 않는 사람들의 어리석음을 고발하고 있는 점에서 의미가 있다.

아이의 호기심이 많은 열매를 맺는 것이 되기 위해서는 아이들에게 확실히 관찰을 시키지 않으면 안 된다. 그들은 틀림없이 날카롭게 주시하고, 듣고, 맛보고, 만지고 있으나, 그 방법이 산만하여 맥락이 없고 지속성도 없다. 따라서 조금씩 그들의 관찰이 조직적이 되도록 하는 것이 필요하다. 그렇다고 너무 성급하고 정확하게 세밀한 분석으로 나아가게 할 필요는 없다. 보스트 여사의 실험에 의하면 너무 욕심을 내는 연습은 아이를 곤혹스럽게 하고 그의 발달을 저해한다고 한다. 실제로 스턴의 도식을 떠올려보면, 아이는 아직 실체의 단계에 머물러 있어서, 예를 들면 한 장의 그림을 앞에 놓고는, 그저 따로따로 거기에 그려져 있는 것이나 생물을 열거하는 것으로 만족하고 있다. 이 시기 말에 그는 행위의 단계에 접근한다. 아이가 대상의 성질의 분석이나 종합에 도달하는 것은 제3아동기에 들어가서의 일이다. 따라서 관찰의 연습은, 그것이 이 연령의 사고양식에 적합하다는 조건하에서만 좋은 교육수단이 된다.

다음과 같은 반대의견도 있다, 아이를 키우기 위하여, 다시 말하면 현재의 정신발달수준을 넘도록 아이를 돕기 위하여 그 사고 양식에 맞는 연습을 권장하는 것은 그 수준에서 빠져나가게 하는 것이 아니라, 거기에 계속 머물러 있게 하는 것이 되지 않는가 라고. 이런류의 비판은 발달적 교육의 전 단계에 향하여 가해질 가능성이 있으므로, 여기서 우리들의 관점을 뚜렷이 밝혀서, 일괄적으로 응답을 해두는 것이 좋을 듯하다. 이 반대 의견은 두 가지 이유에서 옳지 않다고 생각된다. 우선 이 의견에 따르면 정신발달의 어떤 일정수준에서의 지적 기능의 훈련은 아이의 그 시점의 가능성에 대해서만 효과를 미치는 것으로 여겨지고 있다. 즉 이 의견에서는, 성장이 아이를 끊임없이 말하자면 자기의 힘 이상인 곳으로 끌어올려, 새로운 가능성을 다음으로 가져다주는 것이라는 점을 잊고 있는 것이다. 기능적인 활동은 폐쇄회로 속에서 작용하는 것이 아니고, 성장 즉 앞의 수준을 타고 넘는 작용에 의하여 새로운 활동을 준비해 가는 것이다. 거기에다 특히 말해 두고 싶은 것은 방법이나 훈련의 방식을 주어진 연령에 맞춘다는 것이, 그것들을 정확히 아이의 수준에 맞추어 버리는 것은 아니라는 점이다. 아이가 말을 앵무새처럼 되뇌거나 집중적인 혼잣말을 하고 있더라도 아무도 그것과 마찬가지 훈련을 시킬 것을 생각하지는 않는다. 그렇게 한다는 것은 있을 수 없다. 아이의 자발적 활동과 우리가 아이에게 시키고자 하는 활동 사이에는 언제나 약간의 간격이 있으며, 이 간격이 아이 자신의 활동 형으로부터 우리들의 활동 형으로 이끄는 작용을 아이가 놀이로부터 일로 나아갈 수 있도록, 또 대체적이거나 바늘 끝으로 찔러대는 것 같은 예리한 관찰로부터 분석으로 나아갈 수 있도록 우리들은 아이의 힘이 되고 있는 셈이다. 그러나 바람직하면서도 동시에 불가피하기도 한 이 간격은 아이를 곤혹케 하지 않도록 하기 위해서는 약간 거리를 두는 듯한 편이 좋다. 자석이 철판을 끌어당기기 위해서는 양쪽의 거리가 너무 떨어져 있으면 안 되듯이 교육학에서도 다소 그와 비슷하다고 할 수 있다. 어린아이를 키우는데 도움이 되는 끊임없는 부름이 없이는 교육은 성립되지 않는다. 그러나 그것이 효과가 있으려면 아이의 바로 곁에서 부르는 것이 필요하다. 광야에서 외치는 먼 부름도 효과가 있게 되는 것은 청년기에 도달해서의 일이다.

염소발아이에 대한 제1의 교육법은 놀이이다. 놀이 그 자체가 교육의 한 수단인가 아닌가를 묻는 것이 문제가 아니고 이 연령에 있어서 그것이 교육적인지 어떤지를 아는 것이 문제이다. 답은 명백하다. 이론을 좋아하는 사람에게는 잠깐 그 변론을 멈추고, 아이가 놀고 있는 것을 바라보아주면, 놀이가 갖는 형성적 효과를 충분히 인식할 수 있다. 그렇다고 해서 교육자가 방관자의 역할에 만족해도 된다는 것은 아니다. 그는 아이에게 "보아라, 나와 같이 해 보아라" 라고 하면서, 새로운 놀이를 가르치지 않으면 안 된다. 또 달리 좋은 놀이 상대가 없는 경우에는, 소극적으로나마 놀이 상대가 되어줄 필요가 있으며, 특히 교육적인 놀이의 이용이 바람직하다.

일하는 태도는 6세경에 나타나지만 몬테소리가 '어린이의 집'에서의 관찰로 알았듯이 때로는 그보다 꽤 일찍부터 나타날 수도 있다. 그러므로 그것에 일정한 위치를 부여하여 아이의 놀이로부터 일(공부)로의 이행을 적절히 진전시키려고 하는 것은 극히 자연스러운 일이다. 다만 놀이나 일이 아이가 느끼는 흥미를 통해서만 유효하게 된다는 것을 잊지는 말아야 한다.

*

염소발아이의 교육은 어디에서 하는 것이 좋을까? 가정이냐 학교냐, 이 단계에서는 분간이 어려운 경우가 많다. 우리가 어떤 이상향에서 살고 있다면 금방 동산이 좋다고 대답할 것이다. 왜냐하면 아이는 달리거나, 뛰거나, 기어오르거나, 심호흡을 하거나, 감각을 연마하거나, 꿈이나 이야기의 세계에 살기 위한 공간을 필요로 하고 있기 때문이다. 동산은 이를 위하여는 이상적인 환경이라고 할 수 있지 않을까. 또 그들에게는 적당한 동아리도 필요하고 끝으로 말할 필요도 없지만 아직 어머니의 돌봄이나 가정의 따뜻한 분위기도 필요하다.

가정이 이들 조건의 전부를 만족시키고 있다면 아마도 아이에게는 그것이 가장 교육적인 환경이 된다. 그렇지 못한 경우에는 가정과 유아학교 또는 유치원과의 결합이 필요하다. 특히 필요성이 많은 어머니가 밖에서 일하고 있는 경우나, 부부가 헤어져 있거나, 아이에게 나쁜 본보기 밖에 되고 있지 않을 때, 또는 외동이의 경우나 주택단지에 살고 있는 경우 등이다.

프랑스의 유아학교나 유치원이 아이의 교육에 최후의 수단으로서의 해결법 밖에 준비하고 있지 못하다는 생각은 그만두기로 하자. 그 교육적 가치는 꽤 크다. 이름 그 자체가 벌써 아주 훌륭한 프로그램이라고 할 수는 없을까. '유아학교'라는 이름은, 어머니와 같이 아이를 지켜볼 필요성을 강조하고 있다. 여러 세기를 거쳐 온 전통이 프랑스의 교육발전을 무겁게 짓누르고 있어서, 다른 교육단계에서는 여러 가지 곤란한 문제를 안고 있으나 유아교육의 단계에서는 그런 일이 없었다. 충분하다고는 할 수 없을망정 심리학의 성과를 받아들이기 위해 가장 노력해 온 것은 이 유아단계의 교육기관이다. 또 가정과 학교의 협력관계를 유효하게 활용하고 있는 것도 여기뿐이며, 이것은 누구나가 필요성을 느끼고 있으면서(프랑스의 경우) 이 뒤의 교육 단계에서는 한심할 정도로 불충분한 상태에 머물러 있다.

유치원보다 훨씬 수효가 많은 유아학교는 아이시대의 수호요정과 같다. 그러나 그 친절한 역할이 다하게 되는 것은, 그 가정적이면서 출석과 결석이 자유로운 성격이 지켜지고 있을 때뿐이다. 또 학령 전에 적합한 교육방법이 잘 지켜지고 있는 경우에만, 즉 보통 의미에서의 학교, 조직적 교육을 행하는 장소이고자 하지 않는 경우에 한한다. 왜냐하면 유아학교는 진짜 학교가 아니며, 오히려 유아의 집이라는 이름이 훨씬 더 적합한 것이 아닐까. 나는 유아기에는 학교라는 말을 쓰기를 경계하고 있으며, 오히려 유아학교라 하기보다는 그저 '유치원'이라 부르고 싶다. 유치원을 초등학교의 저학년반과 경합시키고 그것을 뭐라고 할지 촉성 재배용 온실처럼 만들어버리는 경쟁심만큼 해로운 것도 없으리라. 거기서는 심리학의 성과까지 조기 촉성 교육에 봉사하게 된다. 유치원의 원아는, 학생임에는 틀림없으나 학동은 아니다. 아직 염소발아이의 나이이므로 영리한 푸들개로 만들어버려서는 안 된다.

유아원의 대상은 2세로부터 6세까지의 어린이이지만 연령은

3세로부터 7세까지로 하는 것이 적절하지 않을까. 3세미만의 아이는 좀처럼 자기를 이해시킬 수가 없으며 친구가 많은 것으로 그치는 경우도 있다. 그는 아직 자기의 리듬에 맞춘 개별적인 취급을 필요로 하고 있으며, 인원수가 많은 것으로 그치는 경우도 있다. 그는 아직 자기의 리듬에 맞춘 개별적인 취급을 필요로 하고 있으며, 인원수가 많은 클라스에서는 그것을 기대하기가 어렵다. 그러므로 3세 이하는 가정 사정상 필요한 경우에만 받아들여야 한다. 또 반대로 유아 원아의 '진짜학교' 입학을 1년 늦춘다면 아이들의 초등학교에의 적응이 수월해질 것이다. 그렇게 하면 개인의 정신발달과정에서 보통 7년째쯤에 발생하는 중요한 굽은 모퉁이를, 여러 가지 학습 때문에 혼란에 빠져버리는 일 없이 통과시킬 수가 있기 때문이다.

취학전의 교육단계를 둘로 나누면 어떨까. 우선 3세로부터 5세까지는 오전 중에만 유아원에 가게 한다. 이것은 이미 실시하고 있는 형태이기도 하며 더 장려하고 싶다. 5세로부터 7세까지는 오전과 오후에 다니게 될 것이다. 이렇게 하면 필연적으로 발생하는 과도기를 잘 처리할 수 있을 것이며, 가정과 교육기관 사이에 조화된 협조관계를 실현시킬 수도 있다.

이런 것은 최근 프랑스에서 볼 수 있는 경향, 즉 심리테스트와 교사면접을 받고, 조기입학에 적합하다는 판정을 받으며 아이가 6세가 되기 수개월 전에라도 초등학교 입학을 허용한다는 특례를 인정한 경향에 단호하게 등을 돌리는 것이다. 부모는 어린이의 '발전 속도'를 크게 기뻐하여 자랑 밖에 모르고, 교육행정측도 잘하는 조치라고 생각한다. 그러나 어린이에게는 어떤 종류의 위험한 관대주의의 징후로 밖에 보이지 않는다.

3

  유아원이든 가정이든, 염소발아이의 교육은, 기본적이고 상호 연결된 세 가지 측면을 가지고 있다. 즉 감각과 상상력과 성격의 교육이다.

  감각교육의 첫째 원칙은, 어린이의 혼동 심성에 입각한다는 것이다. 항상 가장 단순한 감각이나 운동에서 출발하고, 다음에 그것들을 연결시키고, 차츰 복잡한 상태에 도달한다는 교육법은, 논리적으로는 성립하여도 발달심리학에 의거하는 것은 아니다. 이 방법은 이따나 세갱의 체계이며, 마리아 몬테소리나 그 제자의 방법 중에도 얼마간 남아 있는 데가 있다. 실제로는 어린이의 사고는 단순에서 복잡으로 향하는 것은 아니며 하물며 분석에서 통합으로 나아가는 것도 아니다. 그것은 무한정에서 한정으로 전체에서 분석으로 무질서에서 상대적인 통일성(종합)으로 나아간다. 특히 어린이의 감각-운동적 활동은, 세밀하게 분절화되어 있지 않은 전체적 지각이나 전체에서 분리된 몇 개 부분에서 출발하며 고립화된 개개의 감각에서 시작되지는 않는다. 도클로리 이론의 유리한 점의 하나는 바로 어린이의 사고의 전체적 성격에서 유래하는 활동을 생각했다는 점이라 할 수 있다.

감각의 교육과 지각의 교육을 조직적으로 대립시키는 것이 필요한 것은 아니다. 오히려 양쪽 사이에 일정한 평형이 유지되는 것이 바람직하다고 보아진다. 한 가지 예를 들어 그 필요성을 알아보기로 하자. 농촌에서는 마을 아이들이 매우 일찍부터 정확히 지각한다. 즉 감각적 감각을 정확하게 해석할 수가 있다. 예를 들면 어떤 새가 어떤 소리를 내는지, 어떤 나무에 어떤 잎사귀가 붙어 있는지를 잘 알고 있고, 조금 커서는 눈 위에 남은 발자국에서 사냥감을 떠올릴 수가 있다. 그러나 어머니가 뜨는 스웨터의 색깔이나 천이나 인쇄의 거슬거슬한 미묘한 느낌을 분간하는 것은 서툴고, 그것들을 말로 구분해서 표현하지도 못한다. 그것을 할 수 있는 것은 유치원에 다니고 있는 도시의 아이들이다. 그러나 이들은 생활적 신호를 통하여 사물을 지각하는 일은 서툴다. 즉 전자는 사물의 지각은 잘하지만 자기가 받은 감각의 분석은 잘못한다. 후자는 그 반대이다. 아이가 바로 지각하고, 정확하게 느껴서 알게 하여야 하는데, 이를 위해서는 혼동 심성적 지각작용에서, 또 구체적 사물에서 출발하여 조금씩 감각적 분석을 할 수 있게끔 해나가야 할 것이다. 그렇게 하지 않으면 지각의 교육은 일련의 직관적 훈련법이 되어버리고, 감각의 교육은 감각자체와 같은 정도로 추상적인 어휘 훈련이 되어 버린다.

  이러한 기본적인 배려가 되어 있으면, 다른 일은 저절로 열려 간다. 보통은 경시되고 있는 후각이나 미각을 포함하여 우선 5관 전체를 작용시키게 하는 일이 중요하다. 그렇게 함으로써 하나의 감각에 국한되어 있는 감각 훈련보다도 사물의 학습 쪽이 더 낫다는 것을 알게 된다. 흔히 볼 수 있는 현실이지만 눈을 쓰는 교육에 거의 전 정력을 집중하는 것은 아이들은 구체적인 세계로부터 일찍이 멀어지게 할 위험이 있다. 눈이 인간의 생활 중에서 무조건 제1위의 것이 되어 있는 것은 눈이 감각 수용기관 중에서 최고로 추상화의 기능을 가지는 것이며, 보는 일은 사물과의 직접 접촉을 버림으로써 비로소 성립되는 유일한 감각활동이기 때문이라고 할 수 있다. 그러므로 어린아이에게 사물을 만지지 않고, 냄새를 맡지도 않고, 거리를 두고(눈만으로) 검토하거나 생각하도록 훈련하는 것은, 느낄 수 있는 외계에 가장 가까운 여러 가지의 감각적 활동의 협조라든지 조정이든지를 아이에게서 빼앗는 일로 이어진다. 또 같은 이유에서, 감각훈련과 운동기능훈련을 신체적 활동전체에서 연결시키는 것이 바람직하다. 우리들은 흔히 주의의 산만함이나 혼동을 피하고 싶다고 생각하는 나머지, 최소한의 운동으로 시각이나 청각을 예리하게 하고자 노력한다. 그러나 이렇게 해서는, 보고 있는 아이 또는 듣고 있는 아이를 반 수동적인 역할에 머물게 하는 것이 되어, 아이의 외계 생활 참여를, 어른의 지시, 제한, 허가를 통해서 밖에 할 수 없게 만들어 버린다. 그러나 아이는 자기가 갖는 모든 수단, 말하자면 그 전신으로 외계의 생활과 접촉하기를 바라고 있는 것이다. 결국 이 5관을 작용시키는 교육을 위해서는 아이가 자유로운 활동에 적합한 실제적 상황에 놓여지는 일, 그리고 가능한 한 교실과 같은 인공적 조건을 피하는 것이 바람직하다. 그렇게 되면 감각훈련은 참된 생활경험이 될 것이다.

몇 가지 예를 들면 이 지도의 방향을 더욱 명확히 밝힐 수 있을 것이다.

보육기부터 쌓아올린(손을 쓰는 활동) 교육은, 여전히 제1위의 위치를 유지해야 한다. 그것은 포시용이 "5인으로 갈라진 하느님"이라고 표현한 바 있는 손이란, 창조의 도구임과 동시에 인식의 도구도 되어 있기 때문이다. 또 우리의 감각 중에서는 촉각이 가장 확실한 것이기 때문이다. 만지거나 손에 쥐거나 함으로써 다른 감각적 소요에 의한 착각을 바로잡을 수도 있다. 그러므로 아이에게 위험이 없는 것이라면, 무엇이든 만져보도록 장려하는데 조금도 거리낄 것이 없다. 그 결과 뭔가가 망가져 버리거나 불유쾌한 일이 생길지도 모르지만 그 대신 아이의 손은 제대로 그 기능을 다하게 될 것이다. 이 교육은 한없이 다양한 탐구적 활동으로 열려져 있으며, 그것들은 자연스런 행동으로부터 끊어서 떼어놓지 않는 한 단조로워지고 마는 일도 없다. 기하학적 도형의 촉지 훈련보다도 눈가리는 술래잡기 쪽이 훨씬 성과가 있는 이유도 거기에 있다.

손을 쓰는 일에 의하여 손을 제 2의 사명 즉 매우 귀중한 창조적 활동으로 향해서 단련하는 일도 할 수 있다. 그저 손을 쓰는 일로 손재주만 키워진다고 할 수는 없다. 동작이 우아해지는 연령에도, 세밀한 부분에서는 아직 서툰 점을 볼 수 있다. 아이는 정해진 방법에 의하여, 자기의 행동이 바람직한 효과를 올리도록 조정해가는 일은 아직 할 수 없다. 때로는 쓸모 있다고 하기보다 도리어 방해가 될 수 있는 엉뚱한 노력을 하는 일도 있다. 예를 들면 문을 닫을 때 손으로 고리 쇄를 거는 대신에 전신으로 문을 민다든지, 힘껏 때려 붙이는 등 쓸데없는 행위에 에너지를 소비한다. 이것은 우리에게 아이의 운동기능이 어른만큼 분할되고 조절되고 있지 않다는 것을 가르쳐준다. 즉 이것도 전체적인 구조를 가지고 있다. 연습하면 동작도 세밀해지고 노력의 양도 절약되게 된다. 나는 예술교육으로서 쓸모가 있음직한 뜨는 일, 푸는 일, 색칠이나 무늬달기 등을 하는 기회만을 생각하고 있는 것이 아니라 오랜 학습을 요하는 일상생활 속의 대단히 많은 동작에 관한 것을 머리에 떠올린다. 예를 들면 양복을 입기 위해서는 팔 꿰기나 단추 채우기, 끈 매기 등이 전제가 된다. 또 스스로 몸을 씻는 일을 가르치기는 매우 어려운 일이므로, 많은 부모가 이것을 다음 연령 단계로 가지고 넘어 가려고 하지만 적어도 이 단계에서 스스로 손을 씻는 일은 가르칠 수 있을 것이다. 그러나 그것은 간단하지 않다. 손을 씻는 일에 관하여 적당히 밖에 모르는 어른이 얼마나 많은가! 이런 류의 행동의 학습을 위하여는 조금 더 연상인 아이들의 경우라면 영화를 이용하여 활동의 메커니즘을 보여주는 것도 한 가지 방법이다.

기본적 동작의 교육에 관하여는 실제로 평소 생각하고 있는 이상의 배려를 할 가치가 있는 것은 아닐까! 우선 코풀기, 이 닦기, 문 닫기, 발 닦기나, 욕탕에 들어가거나 하는 일에 관하여 잘 모르거나 아주 적당히 밖에 할 수 없는 사람이 얼마나 많은지 짐작도 안 될 정도이다. 그들은 어려서부터 한 번도 그것들에 관하여 바르게 가르침을 받는 일이 없으므로 그렇게 되고 말았을 것이다. 귀찮기는 하나 필요성이 많은 이것들의 학습을 위해서 만이라도 지금까지 존재하지 않는 종류의 유아원이 만들어져야 할 것이다.

왼손잡이 아이의 교육상의 문제는 손의 교육에 관한 가장 어려운 문제의 하나이다. 붙잡고, 두들기고, 먹고, 조작하는 따위의 활동에 있어서 오른손을 좋아하는 경향은 생후 1년째에서 이미 나타난다. 이것이 교육의 영향으로 더욱 조장된다. 도구류의 형상도 오른손잡이이다. 그러나 아이가 저절로 왼손을 쓴다고 하면, 오른손을 쓰도록 강요하여야 할까. 우리는 오랫동안 그렇게 해야 한다고 생각해왔다. 왼손잡이가 일종의 장애로 간주되어, 좋아하든 말든 그것을 제거하도록 요구되어 왔기 때문이다. 오늘날 우리는 이러한 강제가 신경계나 감수성의 평형을 위하여 무엇인가의 지장을 가져오지 않는가 하고 생각하게 되었다. 심리교육 센터에서 보아온 장애아동, 청년의 기왕증(旣往症)을 조사하면, 흔히 언어장애나 이유에 수반하는 어려움의 한편에는 왼손잡이가 금지되고 있었다는 사실이 밝혀져 있다. 확실히 일과성(一過性) 왼손잡이도 있어서, 그 경우는 왼손의 사용이 흔히 양손잡이의 하나의 표에 불과하다. 이러한 아이들의 경우는 모방에 의하여 지장 없이 오른손의 우선적 사용에 익숙해져 가는 법이다. 그 밖의 경우는 그렇게는 안 된다. 충분히 신중하게, 무엇보다도 서두르지 않고, 왼손으로 먹는다든지, 그림을 그린다든지, 나아가서는 글을 쓴다든지 하는 것을 인정해주어야 하며, 동시에 보상이 따르는 놀이를 이용하여 오른손의 사용에도 자연스럽게 흥미를 갖도록 시도하는 것이 필요하다. 오른손잡이가 오른손 쓰기만을 지나치게 고집한다는 것도 그리 좋다고는 생각되지 않는다. 왼손을 쓰기 위한 교육은 모름지기 어른이 되어서의 생활에 크게 도움이 될 것이다. 또 그렇게 해두면 사고 등으로 오른손을 쓸 수 없게 되었을 때에도 기능회복이 용이해질 것이다.

눈의 움직임은 손의 운동보다 일찍 시작된다. 즉 유아는 만지는 것 보다 보는 것이 우선이다. 3세에서 7세까지의 사이에 이미 시각운동은 사물인식의 일상적인 방법이 되어 있다. 시각의 교육은 교육자의 주의를 전면적으로 빼앗아 버려서 때로는 그 것뿐으로 되기 쉽다. 그러므로 오히려 그것을 강조하지 않도록 하고 싶다. 고백을 한다면 나는 몬테소리 유치원의 아이들이 64색 놀이(8색이 각 각 다시 8가지 미묘한 색을 지니고 있어 전체 74색을 분별하는 놀이)를 간단히 해내는 것을 보고, 언제 나 칭찬을 아끼지 않았다. 그러나 나는 이 하나하나 독립된 시 각 관찰 훈련보다도 흥미있는 광경에 부딪쳤을 때 그 자리에서 전개되는 자발적인 사각 교육 쪽을 더 좋아한다. 기차나 버스 속에서, 어린이는 어머니 곁에 자리를 잡자마자, 창을 향해서 벌떡 일어나면서, "밖을 볼래"하고, 마치 예정되어 있었던 것 처럼 소리를 지른다. 어머니는 곁에 앉은 사람에게 신경이 가 서 걱정하지만, 교사라면 마음속으로 기뻐한다. 아이가 눈을 크게 뜨고 바라보고 있는 사물이나 광경에 대한 관심에 더하여 차의 운행이 만들어내는 영상의 연결이 어린이를 황홀하게 한 다. 그의 보고 싶다는 욕구는 물건을 만지고 싶어하는 욕구와 마찬가지로 모든 의미에 있어서 감각놀이의 범위에 머물지 않 고 기억이나 판단이나 상상의 작용을 요구하며 이것은 지적 형 성과 하나로 융합되어 있다.

그림그리기, 보다 일반적으로 말하면 도형적 표현은 시각 활동이 손의 움직임을 유도하게 되고, 이어서 지각된 현실을 도형적 또는 상징적으로 표상하기까지 지성화 되었을 때 어린이가 즐겨하는 표현방법이 된다. 어린이가 그림그리기에서 보여주는 진보는 그의 사고발달과 상당히 대응되어 있으므로 구데나우의 인물화테스트와 같은 것이 정신적 발달을 재는 척도로서 쓸모가 있게 된다. 이때쯤 그림그리기든 조형놀이든, 창조적 활동이 나타나며, 이것을 과감하게 장려하고, 개화시켜주는 것이 필요하다. 여기에는 명백히 예술적인 측면이 있으며, 그것은 특히 회화에 있어서 현저하여 현대예술이 지니는 요소에 가까운 데가 있다고 보아도 좋을 정도이다. 창조적 활동은 어린이에게 살아있는 즐거움을 가져다준다. 뿐만 아니라 자유화를 통해서 어떤 심층의 성향을 엿보는 일도 가능하며 정서장애의 치료에서는 이 연령의 어린이에게 가장 적합한 치료법의 하나라는 것도 잘 알려져 있다.

이 시기의 후반기에서는 문학기호를 그림그리기에 동화시키면서 전체적 방법으로 읽기와 쓰기의 지도를 시작할 수 있게 된다. 이 방법이 어린이의 정신 구조에 적합하다는 것은 명백하다. 미리 외운 하나하나의 문자를 연합시켜가는 전통적인 음절법은 전연 다른 심리적 메커니즘을 근거로 하는 방법이다.

전체법은 일찍부터 천천히 계속되는 즐거운 학습을 가능케 한다. 음절법은 더 늦게 시작되는 학습법이며 빨리 외울 수 있으나 흔히 싫증을 나게 한다. 지금에 와서는 전체법은 읽기 장애의 원인 가운데 하나가 되어 있다고, 흔히 비난받고 있다. 그러나(두 가지 방법의 비교를 위한) 실험적인 컨트롤은 어렵다. 다만 읽기의 학습법을 도중에서 변경하는 일은 특히 피해야 한다.

청각의 교육은 최근에 와서 여러 가지로 노력이 경주되어 왔으나 감각교육 중에서는 아직 경시되고 있다. 어린아이가 주위에서 들리거나, 자기 자신이 만들어내는 음이나 소음에 대하여 강한 흥미를 나타내는 일이다. 리듬이나 멜로디에 대한 섬세한 청각과 감수성을 지니고 있음을 알 때 청각교육의 경시는 애석한 일이 아닐 수 없다. 아마도 청각교육의 뒤떨어지는 음악가가 볼 때는 어른 자신이 귀에 부여된 힘을 눈 때문에 너무나 소홀이 하고 있다는 사실로 설명이 된다. 그래서 어린이의 가능성에 상응하는 청각교육을 한다는 것은 거의 불가능한 어른들 자신의 관념 때문에 어렵다. 지금까지도 여러 번 지적한 일이지만, 현대적인 감각교구를 사용하고 있는 학급에서도, 그 컬렉션 속에 없는 것이 많다든지, 또는 선반구석에서 엷은 먼지를 뒤집어쓰고 있는 것은 청각교구의 시리즈이다. 그러나 이 교육도, 노래나 춤이나 유아원의 아이들 오케스트라 등을 널리 활용하는 일을 통하여 상당히 진보해온 것을 인정하지 않으면 안 된다.

어린이들은 매우 일찍부터 노래 비슷한 것을 흥얼거린다. 염소발아이 시기가 되면, 환경이 좋으면, 보통은, 바르게, 또 많이 노래하게 된다. 들은 적이 있는 간단한 멜로디를 기운차게 되풀이하여 노래할 뿐 아니라 이제는 기악곡 몇 가지를 들을 수 있게도 된다. 또 대수롭지 않은 즉흥 노래도 부를 수 있다. 이런 것은 그림 그리기나 그림에 대한 것과 마찬가지로, 장려하여 연습시킬 가치가 있는 음악적 표현 양식이고, 또 창조적 활동인데도, 지금까지 적어도 프랑스에서는 큰 관심이 모아져 왔다고는 하기 어렵다. 또 몬테소리법의 가장 훌륭한 착상의 하나인 "침묵의 교육"도 널리 제기되어야 한다. 침묵이 정동(고요함 속에서 떠오르는 활동)에 미치는 가치는 감각에 미치는 가치와 맞먹으며, 이 귀가 멍멍해질 듯한 소음의 시대에는, 그것은 어린이들의 정신 위생에도 우수한 처방이 될 것이다.

춤은 어린 염소발아이의 운동 활동, 청각, 시각 활동을 연결시키는 것이며, 그 인격 특성의 가장 적절한 표현형식의 하나이다. 남자아이도 여자아이도 리듬이나 노래를 수반하는 춤이나 의장을 걸친 춤을 매우 좋아한다. 특히 가장 단순한 윤무는, 어린이 문화 습속의 보배 중 하나로서, 신체의 평형이나 청각 훈련에 도움이 됨과 동시에, 이 연령에서는 아직 예외적인 집단으로서의 의식을 낳게 해주는 활동이 된다.

물 속의 춤이라고도 할 수 있는 수영은, 어린이에게 최적의 신체훈련의 하나이다. 이것은 근육에 큰 부담을 주지 않으며, 동작에서도 극단적인 정확성도 필요치 않다. 그러므로 제2아동기를 통해서, 전체적이고 리듬이 있는 자연의 움직임에 꼭 들어맞는다. 후기에서 수영을 배우는 것보다 이 시기에 수영의 학습은 훨씬 용이하다. 수영은 결국, 유일한 취학전 스포츠라 할 수 있다. 내가 피아노와 꼭 같이 유아원에 수영장이 필요하다고 생각하는 것은 그 때문이다.

*

감각 운동적 교육에 자연히 수반되는 것이면서, 또 그것과 서로 균형을 잡는 요소이기도 한 상상력의 교육은 지적형성의 한 측면이 되어 있다. "공상력"이란 일으키기 보다는 억제하는 것이 필요하다는 이유에서, 그것을 2차원적인 것으로 파악하거나 브레이크를 건 것 같은 상태로 해두는 것은 큰 잘못이리라. 상상하는 의식은 지각하는 의식과 마찬가지로 정신의 기본적 활동의 하나이다. 나도 기욤과 더불어, 상상력이야말로 최고로 인간적인 것이며, 지능보다 더 뚜렷이 인간과 동물을 구별하는 것은 없다고 말하고 싶다. 아기는 첫 돌때에 심리학자가 무례하게도 침팬지적 단계로 명명한 단계를 거친다. 즉 냉철한 동물처럼 간단한 우회로의 문제를 해결할 수 있게 된다. 그러나 침팬지는 어린이처럼 상상하는 단계에는 달하지 않는다. 그렇기 때문에 침팬지는 침팬지로 남아 있다.

어린이는 이상한 이야기를 매우 좋아하여 상상 속의 인물을 만들어내고 현실과 공상을 혼동한다. 지어낸 이야기를 하고, 스스로 거기에 정신이 팔린다. 때에 따라서는 그의 눈에는 무엇이나 굉장한 것으로 비친다. 뜰에 피는 별것도 아닌 꽃이, 어린이에게는 황홀의 경지를 낳게 할 수 있다. "폭풍속의 방주"의 작자인 엘리자벳 굿즈가 그것을 참으로 잘 묘사하고 있다. 나로서는 어린이에게서 이 활동을 거두어, 거기에 포함되어 있는 가능성을 이용하는 일을 그만두지 않으면 안 될 만한 결정적인 이유는 전혀 없다고 생각한다. 정통파의 제자, 적어도 교육학자의 정통파나, 루소의 망령을, 그리고 이 가장 가망성이 풍부한 연령의 어린이를 상대로 이성에만 호소하려고 정신이 팔려 있는 실증적정신의 소유자를 화나게 할 것은 알고 있지만, 나는 조화를 이룬 발달적 교육에 있어서는 우화, 이야기, 전설, 한마디로 말하면 이상한 일을 다루는 것이, 수를 다루는 교육적 놀이나 감각훈련과 꼭 같이 필수적인 것이라고 말하고 싶다. 그리고 현실에 맞지 않는다는 이유로 이상한 이야기로부터 단절되어 버린 어린이들을 동정하고 싶다. 슬프게도 이 염소발 아이들은 벌써 한쪽 발이 비틀어 떼어진 것이나 마찬가지다.

그리고 어린이의 상상력을 키우는 교육형태는 우리가 생각하고 있는 이상으로 변화가 풍부하다. 어린이들을 마찬가지로 상상의 세계로 이끌어가는 인형극이나 월드디즈니의 만화영화를 추방하는 데는 틀림없이 주저할 것이다. 공상이 큰 자리를 차지하고 있는 자유놀이, 예를 들면 인형놀이도 추방해야 할 것일까? 여러 가지를 같이 생각해보아도, 나에게는 공상의 어이 없다는 쪽이, 교육적 순수주의의 어이없는 정도보다도 낫다고 생각된다.

어린이들의 이상한 세계에는 한계도 있다는 것을 첨언해 두어야 하지 않을까. 그러나 무엇이든지 믿어버리고 마는 것일까. 아이들은 속기 쉽다고 생각하고 있는 우리들 편이 실은 오해를 하고 있는지도 모른다. 아이들의 생활을 보면 볼수록 나에게는 적어도 일상적인 모습에서 그들이 지어낸 이야기에는 다른 모든 행동과 마찬가지로 무엇인가 놀이가 있는 것 같다는 생각을 떨쳐버릴 수가 없다. 조그만 여자아이는 마치 살아있는 것과 같이 인형과 놀고 있으나, 유심히 그 아이의 동작이나 말을 관찰해 보면, 어떤 때는 인형을 생물로서 어떤 때는 물체로서 취급하고 있다는 것을 알게 된다. 감각을 조직적으로 활동시키는 것을 기본으로 하는 순수한 관찰교육과 더불어, 단호하게, 보다 열려진 "놀람의 교육"을 이용해가는 것이 바람직하다고 생각한다. 르그랑은 다음 단계, 즉 학동기에 있어서도, 그것이 매우 중요하다는 것을 지적하고 있다.

이처럼 유아단계에서는 상상력 교육에 큰 비중을 두는 일이 바람직하다고 생각된다. 여러 가지로 생각해내고 만들어냄으로써, 아이들은 조금씩 자기를 형성하는 것이며 이것은 값을 매길 수 없을 만큼 귀중한 일이다. 그러나 여기서도 우리의 작용에 방향을 정하게 하는 것은 아이들 각자의 성질이다. 산문적인 성질을 지닌 아이에게는 공상을 일으켜 주는 일이 필요하고, 반대로 백일몽 속에서 사는 듯한 아이에게는 이치에 닿는 이야기를 해주는 것이 좋다. 이것은 선택의 문제인 동시에 정도의 문제이며, 이것을 생각하지 않는 교육은 성립되지 않는다.

　물론 여기에서도 충분히 주의가 필요하다. 이상한 나라에는 그 이면, 즉 귀신이나 요괴의 세계가 있어서 신경질적인 아이의 경우 공포나 고통을 불러일으킬 수가 있다. 영화 "백설공주"의 한 장면, 예를 들면 마녀의 추적 장면도 그러한 위험을 초래할 수가 있다. 무서운 이야기가 가정에서 행해지는 이야기 중에서 부분적으로나마 사라진 것은 기뻐해야 하겠지만, 동시에 흔히 조악한 가공적인 무서운 이야기가 우리 주위에 범람하고 있는 것은 한탄할 노릇이다.

　더 문제가 되는 것은 어린이의 상상이 지나쳐서 병리적인 헛소리 증상에 도달한 경우이다. 어린이가 우연히 한 번한 엉터리 이야기를 사실이라고 말하는 것이라면 이것은 보통 지어낸 이야기가 극단으로 간 것에 불과할 것이다. 그때 즉시 그가 말하고 있는 것이 사실인지 어떤지를 조사하도록 신경을 쓰면, 아이는 남이 그것을 믿지 않는다는 것, 거짓말은 반드시 조사받는다는 것을 알게 될 것이다. 보통, 이런 일을 두세 번 되풀이하면 아이는 스스로 깨닫게 된다. 만일 이러한 지어낸 이야기가 몇 번씩 되풀이되고, 아이가 집요하게 남이 자기를 믿어 준다고 고집하여, 현실의 접촉을 회복하지 않게 되면 그 이상은 위험한 지경에 이른다. 그것은 가정적인 애정의 문제의 결과일 가능성이 있으며, 의사가 간여해야 할 영역의 일이 된다. 그러나 3세에서 7세 사이는 현실과 상상 사이가 불분명한 것 그 자체는 조금도 이상한 것은 아니다.

아이의 '거짓말'에 직면해도 신중한 태도로, 결코 아이를 '꼬마 거짓말쟁이'로 취급하고 싶지 않은 것도 그 때문이다. 5세경까지는 진정한 의미의 거짓말, 즉 듀란딘이 상세하게 연구한 것과 같이, 계산이 많고 의식적이며 자기의 이익이 될 만한 거짓말은 매우 드물다. 거의 모든 경우에, 우리가 듣게 되는 아이의 거짓말은, 놀이나 남을 놀라게 해주고 싶다는 욕구에서 나오는 가짜 거짓말, 어린아이다운 큰소리이며, 발달적 교육에서는 이것을 미소로써 멀리해 갈 수가 있어야 한다. 유아의 거짓말은, 결국 도덕적 문제라기보다 심리적 문제이다.

*

성격발달 교육은, 물론 제2아동기 동안의 인격발달의 위기를 충분히 고려하면서 진행시키는 것이지만, 그와 동시에 감정 생활의 격렬함, 그 변덕스러운 생태나, 끊임없는 본능적 행동의 작용도 생각해야 한다.

　이때쯤 뚜렷해지는 개성이, 활력원으로서 교육적 행위의 근거가 된다. 아마도 아이는 우선 언어, 즉 피아제가 말하는 "개개의 정신 속에 자기를 새겨 넣으려고 찾아오는 사회적 산물"의 영향으로 다음에, 특히 유치원이나 유아원에 다니고 있는 경우에는, 보다 다양한 환경과의 접촉으로 끊임없이 사회성을 발달시켜 갈 것이다. 그러나 성격에 영향을 줄 만한 실제의 그룹생활이란 아직 존재하지 않는다. 그것은 다음단계에서 가능해진다. 따라서 우선 우리는 "이 단계에서는" 어린이의 개성에 관하여 주의하여야 하고, 그것을 강하게 하기 위한 도움을 주어야 한다. 어린이의 자기주장의 행동에 대하여 무엇이나 반대부터 한다는 것은 승인하기 어려운 태도이다. 이 불평등의 싸움에서는 어린이쪽이 반드시 지고 말겠지만 그 대신으로 위험한 후유증이 남을 수 있다. 유감스럽게도 그러한 경우가 결코 예외적이지는 않다. 우리는 반항적 태도를 만나면 자연히 자기 의지를 관철시키려고 완고해지는 법이다. 특히 이 반항적 태도가 어린이로부터 오는 경우나, 그것이 격렬하거나, 그 동기가 별로 이해할 수 없는 경우에는 특히 완고해지기 쉽다. 그러나 다툼을 유화시키는 애정, 특히 모성애가 존재한다고 말하는 사람도 있다. 아마도 존재하리라. 그러나 애정이 우리를 모든 과실로부터 지켜준다고 생각하는 것은 잘못이 아닐까. 애정에는 부드러울 때도 있고 공격적일 때도 있다. 관용적이기도 하고 지배적이기도 하고, 주기만 하는 애정이 있는가 하면 빼앗기만 하는 애정도 있고, 냉정한 애정이 있는가 하면 맹목적인 애정도 있다. 아이의 자기형성을 위해서는, 뒤의 청년의 경우와 마찬가지로, 그의 정복하고자 하는 힘이 어떤 류의 저항을 만나는 것이 필요한 만큼 점점 더 문제는 어려워진다. 그러므로 어린이의 제멋대로 구는 것을 한없이 허용하는 약함과, 성장을 위축하고 왜곡시킬 수도 있는 강제적 태도 사이에서 중용적 자세를 고려하여야 한다. 그러기 위해서는 큰 인내심을 가지고 어린이와 같은 기분이 되고, 또 어린이의 변하기 쉬운 기분의 움직임에 잘 따라가서, 재빠르게 어린이의 마음을 잡는 자상함이 우리에게 요구되고 있다.

어린이들이 하려고 하는 역할에는 주의를 돌려야 한다. 왜냐하면 그 영향이 인격이 싹트는 시기에서는 상당히 크기 때문이다. 놀이, 특히 모방놀이는 어린이들에게 여러 가지 역할을 연기하는 기회를 주는 것인데 아이들은 그 역할을 통하여 자기를 표현하려고 한다. 그러나 눈에 보이는 표면적인 것이 가장 중요한 요소는 아니다. 중요한 것은 우선 어린이들이 어떤 역할이 되려고 하는가 하는 그 선택이며, 다음에 그들이 그 역할에 부여하는 태도나 감정, 또 그 역할에 인물이 놓여 있는 상황이다. 이것들 전부가, 어린이들의 감정의 움직임, 그들이 안고 있는 문제, 자기 자신에 대해서 갖고 있는 이미지 등을 말해준다. 더 파고 들어가서 말하면, 이들 역할은 감정적 자기 동일화의 원초적 메커니즘과 결합된다. 유아는 가족의 일원, 예를 들면 아버지와 동일화하려고 하는데, 그 아버지상은 특별히 강력한 위신을 지니고 있는 것으로 비친다. 어린이들은 여러 가지 역할을 연기함으로써 자아의 모습을 적절히 방향전환 시킨다. 그러므로 주의 깊은 교사라면, 그것을 통하여 어린이들의 성격을 나타내는 태도를 읽을 수가 있고, 만일 그것이 불안한 상태나 적의가 있는 상태, 또는 버림받은 기분 등을 나타내고, 행동 면에 장애를 초래한다 싶으면 그 태도를 변용시키도록 노력할 수도 있으리라.

또 하나 주의해야 할 중요한 점은, 점점 중대해가는 감정면에서의 욕구를 만족시켜 주는 일이다. 어린이는 상냥함을 요구한다. 누군가가 그가 잠들기 전에, 때때로 침대에 몸을 구부려주는 일이 필요하다. 고아라고 해도 "엄마" 라고 부를 수 있는 사람이나, 뭔지 알 수 없으나 가슴을 찌르는 듯한 고통이 생겨서 비탄에 잠겨 있을 때 그를 품 안에 꼭 안고 위로해줄 만한 사람이 요구되는 것이다. 어린이들의 감정은 배타적이고 격렬한 경향을 보인다. 그러므로 여기서도 또 잠재적인 비극을 피하기 위해 충분히 임기응변의 태도가 필요하다. 자녀가 여럿인 가정의 생각이 얕은 부모가 특정의 자녀를 좋아하는 태도를 노골적으로 나타내면, 다른 자녀들은 버림받았다는 감정과 함께 뿌리 깊은 질투심을 품게 될 수가 있다. 부모에 대한 어린이들의 사랑은 신뢰나 존경에 바탕을 둔 것이므로, 부모는 그 값을 해야 한다. 어린이가 귀염을 받고 있다고 느낄 수 없거나, 또는 가정에서 싫은 일만을 여봐란 듯이 저질러서 거기에 등을 돌리게 되면, 나중에 성격상의 장애가 생길 위험성이 있다. 즉, 어린이는 이미 정신적 위험에 노출되었다. 예를 들면, 헨리 제임스의 훌륭한 저서 "메이지가 알고 있었던 일"속에 나오는 소녀, 이혼한 부모 사이를 왔다 갔다 하는 딸의 일을 생각해 봤으면 한다, 만일 반대로, 아이가 학교에서나 가정에서나 따뜻한 배려나 그녀에게 필요한 좋은 모델을 발견할 수 있으면 도덕의 교육은 대단히 용이해질 것이다.

그러나 이 연령에서 도덕을 이야기하는 것이 가능할까. 만일 가능하다고 하면 어떤 형태의 도덕일까. 어린이는 자기 행위의 선악을 모르는 것이며 그것을 아는 것은 주위 사람들의 태도에 서뿐이다. 이미 개성은 발휘되기 시작하고 있음에도 불구하고, 아이는 아직 도덕적 의식의 수준에는 와 있지 않다. 그는 자기의 행위에 살고 있는 것이지 그것을 판단하거나 해서 행동하지는 않는다. 아이 곁에서 도덕적 길 안내의 역할을 계속하는 것은 어린이 주위의 사회적 환경이다. 순종이 제일의 덕으로 여겨지고, 어린이가 순종하지 않으면, "나쁜 아이"란 말을 듣는다. 그러나 여기서의 순종은 벌써 선행단계의 기능적 조정 범위에 한정된 것은 아니다. 아이가 유순해지는 것은 주어진 명령이나 금지에 대해 순순히 따르기 때문이기도 하지만 동시에 일정한 생활습관, 즉 "좋은 습관"을 존중하고 그것을 실행하기 때문이기도 하다. 그리고 이 습관의 범위의 눈은 점점 좁아져 가기 때문에, 아이의 자유로운 활동까지 둘러싸게 되어 행동의 방식도 변해간다. 다만 이러한 습관은 일상적 명령, 권고, 경고 등을 통하여 표현되는 도덕의 하나의 집약된 형태, 거의 제도화 되어버린 형태에 불과하다고 말할 수도 있다. 그러나 나에게는, 그것이 이 시기에는 불가결한 것으로 생각되고, 동시에 도덕성으로의 중요한 일이라고 생각된다.(물론 거기에 위험이 없다고는 할 수 없지만).

습관의 영향을 두려워하고, 거기에 도덕적 생활에의 장애를 발견하는 사람의 의견에 나는 동조하고 싶지 않다. 그보다도 뒤에 습관에 대항하는 새로운 힘을 획득하고, 그것으로 습관도 제어하여, 습관과는 별도의 기준으로 행위를 조정하고, 자율적 도덕에 접근해갈 수 있게 하는 것은, 우리들 "어른"이다. 아마도 처음에 생긴 버릇이나 조건들은 뿌리 깊은 자국을 남기는 법이다. 그러나 그것이 좋은 것이라면 왜 불안해 할 필요가 있을까. 우리가 원하면 어린이는 어떠한 습관도 형성되지 않아도 된다고 생각하는 것은 큰 잘못이다. 습관은 인간행위의 모든 면에 걸쳐서 새겨 넣어진 과정 그 자체이기 때문이다. 또 사람이 갖는 습관 즉 도덕적 습관이나 그 밖의 습관의 형식이, 단순한 수동적 반복행위라고 생각하는 것도, 그에 못지않게 큰 잘못이다. 그 획득에 있어서는 실제로는 주체의 적극적 참가가 필요하다. 습관의 획득이, 단순한 기계적인 축적으로부터 얼마나 멀어질 수 있는가는 우리들이 생각하기 나름이라고 할 수 있고, 또 좋은 습관을 실천해 가는데 있어서, 인간적 행위가 지니는 지적 유연성이 항상 유지되는지 어떤지도 우리들이 하기 나름이라고 말할 수 있다.

교사에게 매우 어려운 일은 이 도덕적 습관의 전체에 의하여 어린이가 제멋대로 하는 자발성과 본능적 충동과의 평형을 유지해가는 일이다. 도대체 그것이 완전히 성공한다는 일이 있을 수 있을까. 그것은 아무래도 의심스럽다. 우리들에게는 어린이 행위에 사회적 조정이 도움이 될 만한 강한 개인적인 힘이 갖추어져 있는 것은 확실하다. 그것은 어린이가 자기를 키워주는 사람에 대하여 가지고 있는 애정이다. 싫은 표정을 짓지 않고 국을 마시는 일, 빠짐없이 인사를 하는 일, 집 안에서 울고 소리 지르지 않는 일, 놀고 난 후에 장난감을 반드시 정리하는 일 등, 모든 일에 걸쳐서 거기에 그 밖에도 여러 가지 세세한 일에서 "어머니 또는 그 밖의 사랑하는 사람을 기쁘게 하기 위해서" 행동한다는 것은 가능한 일이며, 또 쉬운 일이다. 거기에다, 너무 지나치지 않는다는 조건에서라면 그의 "착한 마음씨"에 호소하여 너그러운 몸짓을 이끌어내는 일도 가능하다. 그러나 우리들의 입장에서는 어린이의 애정을 믿는 일은 바람직한 태도일까. 그것이 아이의 감수성을 악용하는 위험을 낳거나 일종의 심리적 강요가 되어 아이를 난처한 상태, 때로는 해결할 길이 없는 상태에 빠지게 할 위험조차 있지 않을까?

거기에는 강하게 반대한다. 나는 느끼기 쉽고 상하기 쉬운 감수성을 이용함에 있어서는 매우 신중해야 한다고 생각한다.

습관이라는 도덕은 비록 그것이 애정에 의해 부드러워진다고 해도 매우 초보적인 형태의 사회도덕에 지나지 않는다는 것을 진정해야 한다. 순응하는 태도, 타율적 도덕 또는 도덕이전 등으로 불리는 일도 있다. 그러나 이 연령에서는 그것이 유일하게 가능한 도덕이며 따라서 유일하게 바람직한 도덕이라고 할 수 있다. 불완전한 점도 많고 또 그것을 숨길 생각은 없으나, 결국 습관의 도덕은 어린이에게 덕을 가르치는 일이 되어 기분 좋은 사람의 손길을 낳게 해 주는 것이 된다.

더 자세히 볼 때에는, 습관이라는 것이 온전한 도덕의 곁에서 이미 연령에 따른, 발달의 단계에서도 더 높은 다른 도덕적 생활, 예를 들면 미적 관심과 연관될 만한 것의 징조가 존재하고 있다. 이 점에 관하여는 청년기의 장에서 다시 논의할 예정이지만 염소발아이의 연령에서는 이것은 아직 장래에 이루어질 약속과 같은 것에 불과하다.

겉보기에는 이러한 모든 교육적 작용은 매우 작은 것이다. 많은 영역에서 어린아이의 생활은 아직 충동이나 본능의 지배와 구별되기는 어렵다. 그러나 이 단계는 선행단계에 비하여 대단한 진보를 인정할 수 있다. 즉 인간다운 인격이 형성되고, 자기 표현이 가능해진다. 염소발아이라고 하면, 어린 동물처럼 높은 곳에 있는 풀숲을 뛰어 다니고 있는 환상을 주기 쉽다. 그러나 귀를 가다듬고 들어보자. 들려오는 것은 굽이 갈라진 발이 내는 둔한 발소리나 반수신의 울림 없는 웃음소리가 아니라 이 세상에 열려져 가는 영혼의 즐거운 재잘거림 소리이다.

제4장
학동기

· 학동기

제3아동기 또는 소년기의 중간, 즉 6세로부터 성별로 다르지만 13~14
세까지의 사이는 교육의 대상이 되는 아동이라면 실제로는 거의가 초
등학생이다. 이 기본을 근간으로 해서 교육을 구상해 가야 할 것이다.

1

　이 단계는 정신발달의 전기간 중에서 상대적으로 안정되고, 적응도 용이한 시기로서 등장한다. 심각한 인격 위기는 존재하지 않으며 발달도 순조롭다. 따라서 이 시기는 서로 관련되는 몇 가지 특징으로 명확히 정의할 수가 있다. 즉 이 단계는 분별의 시기, 지식(앎)의 시기, 사회적인 시기이며, 요컨대 활동적인 시기라고 할 수 있다.

　사고나 행동에 있어서 7세 경부터 생기는 점진적 변화가 '철이 들 나이'라고 하는 옛날 관념을 되살아나게 한다. 루소는 교육자들이 적시성(適時性)도 생각지 않고 서두는 경향에 브레이크를 걸고 싶다는 생각에서 이 관념을 심하게 공격하였다. 현대 심리학은 이 철이 드는 연령을 재발견하려고 하나 예전의 방법과는 퍽 다른 모습으로 되어 있다고 해야 할 것이다.

아동의 새로운 정신구조는 자기중심적인 단계에 이어지는 사고의 '탈 중심화'의 움직임을 통하여 형성되게 된다. 혼동 심성적 사고 다음에 관계적 사고가 나타나게 되는데, 이로 말미암아 아동의 외계인식은 어른의 그것에 훨씬 가까워지며 특히 과학적 인과관계도 이해할 수 있게 된다. 논리적인 관계도 전보다 바르게 사용할 수 있게 된다. 비판정신도 나타난다. 피아제, 왈롱, 미쇼의 연구나 거기에 이어지는 많은 연구가 이러한 발달의 중요성을 밝혀주고 있다. 10세경이 되면 아이는 관념적 단계(더 적합한 말이 없어서 이렇게 부르기로 한다)에 도달한다. 이것은 어떤 의미냐고 하면 이 단계에서는 성장과 교육환경의 영향하에 감각적인 사실을 이어 맞추는 몇 가지 기본개념, 즉 시간, 공간, 수, 인과, 운동 등의 관념 둘레에 아이의 사고가 구성되어 가는 것이다. 프랑스의 사회학파는 일상의 정신활동에 있어 이들 기본적 관념의 역할을 강조하고 있다. 즉 이들 관념이 논리적 사고를 받쳐주게 되고 관찰 가능한 현실을 일련의 관계를 통하여 이해할 수 있게 한다. 이러한 관념들이 부단히 작용하지 않는 현대인의 생활이란 상상할 수 없다. 만일, 시간의 관념이나 인과관계의 관념을 상실한 사람이 있다고 하면, 샤미소의 영웅, 자기의 그림자를 잃은 사나이 페터 슈레

밀보다도 더 기이한 느낌을 우리에게 줄 것이다. 이 하나의 개념이라고도 할 수 있는 것은 물론 고전 철학이 연구해온 스스로 깨닫는 철학의 여러 범주에 가까운 것이다. 그러나 학동기에 있어 나타나는 관념은 아직 추상의 완전성도 개념의 순수성도 갖추고 있지 않으며, 감각적 경험과, 일반적 경험과의 중간에 자리하고 있다. 내가 이 객관성 지향의 단계를 나타내는데, 감각적 사고나 범주적 사고라고 하기보다, 관념적 사고라고 하는 쪽이 낫다고 생각한 것도 그 때문이다.

동시에 다른 변화도 생기게 된다. 우선 일하는 태도가 자라게 된다. 이미 보아왔듯이 거기에는 시작한 과제를 끝내는 일이나 결과를 추구하는 태도가 있어야 한다. 그러나 건강상태가 나쁘거나 미숙한 태도를 조장하는 아동을 과보호하는 영향으로 이의 발달이 늦어지는 일도 있다. 정서면에서의 장애는 선행단계의 경우와 공통되기는 해도 보다 드물게 된다.

성역할에 대한 관심이 현실적으로 나타나 있던 단계가 끝나고, 그것은 잠재화하게 된다. 사망률의 커브가 보여주듯이 생명력은 최대에 달한다. 환경에 대한 적응은 어렵지가 않고 성질도 온순하다. 상상력도 차분한 것이 되어 때때로 졸고 있는 듯이 보일 때도 있다. 이상한 사건에 대한 흥미는 사라지고, 이 단계의 후반기에는 모험에 대한 애착을 보이기 시작한다.

이러한 일들은 집중적으로 일어나기 때문에 아동이 전보다 알아듣기를 더 잘하게 되었다는 말을 듣게 된다. 이 제3아동기가 때로는 '아이로서의 성숙의 시기' 라든가, 그보다는 부적절하지만 '어른스런 아이 시기' 등의 이름으로 불리는 이유도 거기에 있다.

이처럼 이해된 철이든 시기는 동시에 지능의 시기라고도 할 수 있다. 기억력은 특히 아홉 살부터 갑자기 자란다. 초등학생은 마음만 먹으면 쓸모가 전혀 없을 것 같은 일까지도 무엇이나 외울 수가 있다. 어릴 때 걷는다든지 말을 한다든지 하는 일에 흥이 나 하였던 것과 마찬가지로 아이는 암기하고 외우는 일을 즐긴다. 그야말로 외우기 귀신같은 시기이다. 이러한 조건에서, 이 단계는 외국어학습에 특히 적합한 것이 아닌가 생각된다. 이때쯤부터 아이에 따라 시각기억형, 청각기억형, 운동기억형 등의 모습이 나타나게 된다. 이런 것이 고정화되기에는 좀 더 뒤에 가서의 일이지만 아동에게 맞추는 교육학의 입장에서는 이때부터 이미 그러한 기억을 생각해 넣어둘 필요가 있다. 한편 경험한 사건의 기억이라는 것은 변형되기 쉬운 것이다. 정확한 경험의 보고를 할 수 있게 훈련해 보아도 그 보고가 사실에 충실한지 어떤지는 의심스럽다. 스턴의 연구는 아동의 증언이 얼마나 불확실하고, 또 암시에 약한 것인가를 밝혀 주고 있다.

지식학습의 진보는 **빠르다**. 이것은 학교의 성적에서 알 수 있을 뿐만 아니라, 지능검사 속에 일정량의 지식을 집어넣고 있는 비네–시몽의 지능테스트 등에서도 알 수 있다. 각자의 최초 능력이 밖으로 나타나게 되는 것도 이 단계이다 머리가 좋은 아이는 대개 전과목에 걸쳐서 잘 할 수 있는 법이다. 그러나 차츰 커감에 따라 성적은 그의 지능형에 따라 교과마다 달라지게 된다. 여러 가지 능력테스트의 결과에서 나타나는 심리학적 프로필을 검토하면 주의력, 기억력, 상상력 등은 개인마다 다르다는 것을 알 수 있을 뿐만 아니라 프로필 전체의 모습이 연령과 더불어 뚜렷해지는 정신형태에 대응하고 있다는 것도 알게 된다. 한편 이들 기능적인 능력과 병행하여 복잡한 능력이 특수한 재능이라는 형태로 나타나게 되는 일도 있다. 음악적 재능은 일반적으로 가장 조숙하여, 9세나 10세경에는 벌써 꽤 사람 눈에 띄게 된다. 이어서 기계적인 영역의 재능이, 유아기에는 볼 수 없었던 손재주라는 형태로 싹트게 된다. 특히 남자아이들 사이에서는 도구를 사용하는 즐거움이 장난감에 대한 흥미를 대신하게 되는 일조차 있다. 그 후 청년기가 되면 수학적 능력이나 문학적, 과학적 능력도 생겨나게 될 것이다.

초등학생 동안은 지식면에서의 성장은 일반적인 학습의욕과 연결되어 있다는 것을 첨언해 두지 않으면 안 된다. 어린이들 은 규모있게 가르쳐주는 좋은 선생을 바라는 법이다. 이 단계 가 끝날 때까지는 '좋은 아이'라고 하는 것은 좋은 친구는 아니 라 해도 어린이 사이에서는 어떻든 선망의 적이 되어 있는 어린 이다. 칠판 앞에 서서 어쩔 줄을 모르는 열등생도 결코 드물지 는 않다. 성적이 나쁜 아이들 중에는 물론 조금 얼빠진 애도 있 어서 지능이 모자라는 것은 지적으로 우수하게 태어나지 못한 탓으로 여겨진다. 그렇지 않으면 병약하기 때문에 성적이 나쁜 애도 있다. 또 교육이 본인의 필요에 잘 맞지 않기 때문에 머리 는 좋은데도 학교에서는 힘을 발휘할 수 없는 아이도 있다.

초등학생의 사회생활은 매우 밀도가 높은 것이며, 남자아이 에게는 바야흐로 친구를 사귀는 연령이다. 여자아이의 경우도 언제나 친구를 가지고 싶어 한다. 그러나 청년기처럼 선택된 특정의 친구 관계와는 전혀 다르다. 그러나 사회적 관계는 벌 써 선행단계처럼 개인 대 개인이라는 형태만은 아니다. 초등학 생은 그룹으로서 행동하며, 공통되는 활동에 참가하기를 바란다. 집단으로서의 감정을 지니는 것도 가능하게 된다. 알랭이 적극적으로 사용하고 있던 '아이들 민중'이란 초등학생의 집단을 두고 한 말이다. 초등학생들의 통상적 결점, 즉 남자아이들의 자랑버릇과 여자아이들의 자부심은 사회적인 결점이라고 할 수 있다. 그러므로 느끼기 쉽고, 수줍어하고, 집단생활에 좀처럼 익숙해지지 못하는 아이들에게는, 이 시기는 특히 어려운 시기가 된다. 쿠지네에 의해 상세한 연구가 이루어지고 있듯이, 학교사회란 것은 학생의 교육을 위해 모아놓은 교실이라고 하기보다는 더 복잡한 구조를 갖고 있다. 그러나 교실 그 자체가 이미 살아있는 사회체이다. 아이들을 결합시키고 있는 단결심은, 선생에 대하여도, 신입생이나 나쁜 급우에 대하여도 대립적으로 작용한다. 나이가 들게 되면 그 집단적 정신이 그룹의 모두에게 맞추는 태도나 외부사람을 싫어하는 태도로 발전해간다. 현재는 사회측정의 기술이 초등학생의 그룹 사이에 존재하는 공감과 반감의 관계를 측정하고, 그것으로 그 집단정신의 구조를 밝히기를 시도하고 있다.

초등학생의 공공의 사회생활로는, 또 하나의 활동이 있다. 즉 쉬는 시간에 교정이나 골목길에서 전개되는 놀이친구와의 활동이다. 테일러나 풀피 등 심리학자의 연구나, 페르고의 영화

'단추전쟁' 등이, 이들 놀이 패거리의 구조나, 골목대장이나 장교, 적, 부하의 심정 등을 우리들에게 잘 가르쳐주고 있다.

초등학생은 움직이기를 좋아한다. 활동하고 있는 모습에서, 아이들의 힘이 자꾸만 자라서, 활기에 넘치고, 또 바깥 세계로의 적응력도 풍부해진다. 다양하고도 실제적인 그들의 활동은 놀이와 분간할 수 없었던 유아의 활동보다는 우리들 어른의 활동 쪽에 훨씬 가까우며, 그 나타나는 방식은 실로 다양하다. 실제적인 흥미, 즉 사냥이나 흙 주무르기나 목공, 기계 다루기나 모든 종류의 수작업 등을 좋아하는 데서 나온 활동이 있다. 남자아이의 경우는 운동에 대한 욕구에서 나온 활동이 있고, 이것은 싸움이나 신체훈련이 되기도 하고, 이어서 모험에 대한 욕구로 바뀌어간다. 동작의 날렵함, 정확성, 섬세함에서 오는 활동도 있다. 홀(Stanley Hall)의 유명한 지적에 의하면 이 시대만큼 손이 두뇌에 가까운 적은 없다고 한다.

이 실제적 활동에의 기호에는 실리적이고 또 유아에 비하면 퍽 산문적인 정신이 따른다. 초등학생은 자기의 이익이라는 것을 명확히 알고 있으며 자기의 권리에 집착하며 그리고 성공하고 싶어 한다.

이 10세에서 12세경에서 볼 수 있는 개인의 정신발달 단계,

즉 인간이 외계에 대하여 자기의 행동을 지적으로 완전히 조절할 수 있게 되는 단계를, 호모사피엔스가 나타난 것으로 되어 있는 원시인의 단계와 비교하려는 사상도 있었다. 그러나 이 비교는 심리학적 관점에서 말한다면, 유아의 교신이 곤란한 사고와 정신장애에 의한 자폐적 경향을 비교하려는 것 정도로 문제가 있다. 다만 이러한 비교에 의해 적어도 아이들은 이 나이부터 미개인처럼 어떻게 해서든 생활에서 부닥치는 곤란을 타개해 나갈 수 있게 된다는 것을, 간접적 형태로나마 우리들에게 상기시켜준다는 이점은 있다. 이 나이에서 부모로부터 버려진 아이가 있다면 어떻게든 살아간다고 하는 예가 그것을 알려주고 있다.

　물론 교육자에게는 그 단계의 완성만이 문제인 것은 아닐 것이다. 그것은 곧 밟고 넘어갈 수 있어야 한다. 초등학생이라는 이름 자체가 참된 자율에는 아직 상당한 거리가 있다는 것을 말해주고 있다. 어른의 세계에 접근하는데 는 좀 더 다른 면에서의 진행이나 시련이 필요하다.

2

누가 초등학생의 교육을 보장하는가?

제2아동기에는 가정환경과 나란히 학교환경을 준비하는 일
은 아직 주저되었다 하더라도, 7세가 지나면 그 의문은 없어지
고, 본의가 아니더라도 학교는 필요하게 된다.

이 시기는 친구와 사귀는 시기, 지식획득의 시기라는 데서,
가정에서 교육하기에는 적합하지 않다. 혹시 가정에서 교육을
보장한다든지 보장시킬 수가 있다고 가정하더라도, 또는 연령
이 비슷한 형제자매가 있어서 그룹으로 지내고 싶은 욕구를 채
워준다고 해도, 학교에 다니는 것이 더 많은 이점이 있다. 뿐만
아니라, 그 중요성이 인정되고 있는 새로운 심리적 이유를 적
절하게 파악 실현시킬 수 있다는 이점도 있다. 그러나 혹자는
이것을 시대의 문제라고 하는 반론도 할 수 있다. 왜냐하면 우

리가 학교는 필요불가결하다고 보는 것과 마찬가지로, 루소는 가정교사가 필요하다고 생각하였기 때문이다. 오늘날 우리들이 학교를 인정하고 있는 그 역할에 관한 견해에는 동의하고 있어 그 영향은 부정 할 수 없으나 다만 초등학생이란 갓난아기나 유아와 같은 정도로 뚜렷한 하나의 심리적 현실에 대응하고 있으며, 발달적 교육심리학에서 보아도 초등학생의 연령은 교육의 장에 임할 수 있는 전형적인 단계를 보여준다고 할 수 있다.

성장의 이 단계에서 학교환경의 가치를 인정하는 일은 가정환경의 가치를 낮게 본다는 것이 아니다. 그것은 아직도 상당한 힘을 지니고 있다. 일반적으로 말해서 기숙 생활은 초등학생에게는 바람직하지 않다. 그는 아직 학교에서는 얻기 힘든 가정적 애정, 보호, 격려, 위로를 필요로 하고 있으며, 이 두 가지 환경은 각각 상호적 역할을 한다. 아이와 환경과의 관계는, 가정에서는 더 개인적이고 더 감정적이고 학교에서는 더 집단적, 보다 지적이다 라는 식으로 각각 매우 다르기 때문에 쌍방이 다해야 할 역할을 가지고 있는 것이다. 물론 서로간의 영향이 분단되게 하는 일이 있어서는 안 된다. 그렇게 되면 긴장이 생기거나, 대립하거나, 때로는 충돌이 일어날지도 모른다. 지육(智育)은 학교에, 성격교육은 가정에서 라고 선언함으로써 문제가 해결될 수 있다고 주로 생각되어 왔으나 이것은 매우 도식적인 견해이며, 바람직한 생각이라고는 할 수 없다. 바라든 바라지 않던 간에, 학교는 지능과 마찬가지로 성격의 형성에 기여하고 있다. 학생을 위한다는 의식적인 노력도 있지만 사실 학교는 훨씬 더 큰 영향을 주는 곳이라고 말할 수 있다. 한편 가정생활 쪽도 아이의 학교에서의 공부에 영향을 주고 있다. 이 교육단계가 성공하기 위해서는 이 두 가지 환경이 효과적으로 서로 유대하는 일이 필요하다. 거기에는 쌍방이 똑같이 성실한 노력을 다하는 것이 전제가 된다. 가정이 교사를 적으로 본다든지, 교사가 학교에 상담차 찾아오는 아버지나 어머니를 방해자로 보고 있으면 문제는 해결되지 않는다. 가정이 교사에 대하여 개방되어 있고 학교도 학부모에게 개방되어 있는 것이 바람직하다. 물론 그 때문에 큰 소동을 피울 것은 없지만 말이다.

가정과 학교만으로는 초등학생교육의 모든 것을 보장하는 데는 불충분하다. 즉 다른 두 가지 환경, 골목과 숲이 매우 중요한 역할을 한다.

교육이 소홀히 여겨지는 경우를 제외하면 초등학생이 되기 전까지는 골목의 영향이 있다는 것은 거의 느껴지지 않는다. 그러나 반대로 초등학생이 되면 어떤 아동에게는 골목의 존재가 커진다. 우선 학교에 다니는 길이 있다하자. 거기서는 여러 가지 일이 일어나고 언제나 변화가 있다. 열 살짜리 어린 시민에게 하루에 네 번, 물건 판매로 분주한 골목을 왕래하는 일이 얼마나 즐거운 일인지를 생각해 보았으면 한다. 쇼 윈도우가 있고, 서로 지나치는 사람들이 있고, 차가 있고, 잡다한 표시가 있어, 거기에서는 모든 종류의 광경이 펼쳐진다. 터놓고 말한다면, 나의 유년 시대의 가장 생생한 회상의 하나도 그런 골목의 회상이다. 게다가 골목은 교실이나 집보다도 훨씬 자유로운 활동의 장으로서, 아이에게 항상 적응의 노력을 강요하는 곳이기도 하다. 그러므로 골목은 그 나름의 방법으로 신중성이나 냉정, 관찰력이나 판단력을 길러주는 학교라고 할 수 있다. 확실히 골목에는 위험이나 유혹이나 혼란이 있고, 거기에는 조심하지 않으면 안 되는 일도 있다. 그러나 골목이 교육에 가져다 주는 헤아릴 수 없는 효용을 가지고 있는 점도 많다. 특히 그렇게 생각하는 것은, 학교에서 혼자서 귀가 길에 나설 때에 어쩔 줄을 몰라 하는 겁쟁이 초등학생이나, 분별없는 경솔한 아이 또는 무슨 일에도 무관심한 아이들을 대할 때이다. 도시아이들에게는 골목의 일을 가르쳐주어야 한다. 이것은 문법이나 프랑스의 역사를 가르치는 것과 같이 중요하며, 또 꼭 같이 어려운 일이지만 그렇게 하면 환경이라는 것을 폭넓게 이해하는 공부도 된다.

다음 여러 가지 이유에서 숲이 줄 수 있는 교육적 역할을 인정한다고 하면 더 뜻밖으로 여겨질지도 모르겠다. 그러나 그 역할은 특히 우리의 도시문명 속에서는 쉽게 정당화할 수 있다. 실제로, 어린 염소발아이에게 뜰이 그렇듯이, 숲은 초등학생에게 굉장한 영향을 줄 수가 있다. 골목의 경우와 마찬가지로 위험이 존재하는 것은 틀림없다. 그러나 자연의 대기에 접할 수 있는 생활, 어떤 놀이나 활동도 가능케 하는 넓은 공간, 눈뜨기 시작하고 있는 모험심을 유발하는 신비롭고 고고한 세계 – 이런 것으로 숲은 아이들 집단에게 아주 훌륭한 교육환경의 하나가 되어 있다. 스카우트운동은 그 점에서 훌륭한 운동이었다.

이렇게 보완은 되어도, 학교의 역할은 오늘날에는 매스미디어가 다하는 역할 때문에 무엇인가 소외되어 가고 있는 것 같다. 매스미디어는 사고를 전파하는 근대적인 방법이며, 그 중에서도 텔레비전은 가장 강력한 힘을 갖고 있는데 그것은 좋든 싫든 아이들에 대하여 양적으로 점차 증대하고 그러면서도 상호간의 조정도 잘 되어 있지 않는 정보나 지식을 연이어 내보내고 있는 실정이다. 이 비공식 형태의 '병행 교육'은 청년기에 있어서는 특히 유효하지만, 이미 초등학생의 연령에도 관련이 있다. 그리고 초등학교가 이러한 교육을 차츰 존중하게 되고, 학교 고유의 임무 분담 속에 짜 넣으려고 노력하는 일까지 원하고 있다. 그렇지 않으면 시대에 뒤지는 교육 밖에 할 수 없다는 이유에서이다. 그러나 그것은 큰 대가를 지불하게 되는 결과를 가져올 것이다.

*

"행동에 의한 학습" 즉 행동을 함으로써 배운다고 하는 듀이의 말은, 그 의미를 정확히 파악하고, 그 범위를 한정한다는 조건하에, 초등학생의 연령에 바람직한 방법을 명시하고 있다고 말할 수 있다.

초등학생 생활의 전부, 즉 활동하고 싶다는 자연스런 욕구, 친구 사귀기의 밀도, 그리고 그들의 정신구조 자체에 이르기까지 - 왜냐하면, 그 관념적 사고는 아직 구체적 활동의 뒷받침

없이는 성립되지 않으므로 - 그것들 모두가 활동적 교육법의 적용대상이 된다. 또 기억편중으로부터 아이를 지키기 위해서도, 이 방법이 가장 좋다. 뿐만 아니라 성격상의 균형을 유지하고 차츰 그것을 확고한 것으로 만들어주는 역할도 한다. 시청각법이나, 극히 최근에 시행중인 프로그램학습법이나 '교육기관'에 의한 교육법 등을 사용하는 일에 관심이 높아지고 있는 현실에는 그만큼 인간 교육적 차원에서 걱정이 앞서는 문제이기도 하다.

이처럼 좋은 초등학교 교육이란 아이 자신의 개인적 활동이나 탐구를 통하여 지식의 획득에 참가시키는 교육이며, 아이에게 듣는 자로서 움직임이 적은 다소간 수동적인 태도를 강요하는 대신에 그 자신의 자발성과 표현방법을 키워주는 교육이다. 신교육운동의 큰 공적의 하나는 이 필요성을 인정한 일이며, 언어적이고 주로 책에 의존하는 지식교육이 지니는 여러 가지 위험에 대항한 점이라고 할 수 있다.

집단적인 수업형태를 가능한 한 적게 하고, 반대로 조사나 분류작업이나 환경학습 등의 형태로 된 아이의 개인적 탐구를 필요로 하는 학습을 많이 하는 일, 도서실의 책을 이용하는 방법을 가르치는 일, 물건을 만들거나 관리하는 활동에 큰 비중이 주어지도록 교실을 제작실이나 작업실로 바꾸는 일, 그러나 무질서하게 쓸데없이 떠드는 일이나 사고 작업을 경시하는 활동주의는 피하는 일 그리고 이들 방법적으로 이미 충분히 고려되고 있는 활동 중에서도 상상력 연상에 적합한 조용하고 차분한 시간을 반드시 마련하도록 하는 일 등등. 이것은 모두 초등학생이 필요로 하는 적합성에 신경을 쓰는 교육에 있어서 바람직하게 여겨지고 있는 특징의 일부이다.

새로운 교육의 교육법에 대하여, 프랑스도 공헌해 왔다. 예를 들면, 개인적 탐구의 기쁨과 하나의 집단 속에서 노력을 함께 하는 기쁨을 잘 결합시킨 쿠지네 그룹 학습법이나, 자유교과서나 프레네의 교육기술, 그리고 프라핏의 후원으로 프랑스의 초등학교에 늘어난 학교협동조합의 일들을 상기해보면 족할 것이다. 이러한 운동은 모두 학생의 흥미를 바탕으로, 그들의 활동욕구나 사회적 욕구를 채워주려고 한다. 다시 최근에는 여러 가지 이름으로 불리고 또 명칭도 완전히 정착되지는 않았으나 특히 미국의 정신과의사 칼 로저스가 장려하는 '비지시적 주의'에 영향을 받은 그룹교육법도 발달하여왔다. 이 교육법은 집단역학을 이용하여 교사와 학생의 작업공동체에 의해 학교의 '자주관리'을 실현시키고자 하는 것이다. 그 노력은 가상하나, 마음대로 안 되는 일도 많다.

　일반적으로 말해서 초등교육 및 중등교육에서 아직 이 발단 단계에 대응하고 있는 동안은, 활동적 교육법이 바람직하므로, 이 교육법에 관하여 충분히 훈련을 받고, 그 유효성을 확신하고, 전제하는 수업에 의한 집단교육의 전통과 단호하게 결별하는 교원의 양성을 보장하여야 한다. 개개의 선도적 시행의 노력이나 그 성과에도 불구하고, 우리는 환상을 품고 있어서는 안 될 것이다. 그 이유는 우리의 초등교육에 있어서의 교육심리학적 개혁은 아직도 실현되어 있지 않기 때문이다.

　그리고 활동적 교육법도 만능은 아니다. 그 방법에는, 특히 각 학생의 개인적 특질을 파악하고 정확한 지식을 바탕으로, 교육의 목적이 뚜렷한 일련의 방책이 수반되어야 한다. 따라서 세심한 심리학적 관찰이 필요해지고, 아이의 정신발달의 수준이나 능력을 조사하고, 어려움을 지닌 아이들의 경우를 보다 상세하게 검토하기 위해 학교심리 담당교사의 도움을 구하는 일이 중요해진다. 사실상 교육심리학이란 것은 발달적인 관점과 함께 개인차에 관한 관점도 지녀야 한다. 이 그 중의 조건하에서만 우리는 클라파레드가 장려하고 있는 '아이에게 맞춘 학교'에 접근할 수 있는 것이 아닐까.

그러나 극단에서 극단으로 달리는 일은 피하고 싶고, 새로운 것이라면 무엇에나 열중하는 태도에는 빠지고 싶지 않다. 예를 들면 초등학생에게 공부에 흥미를 가지게 할 필요성에 관하여는 강조해 왔지만 아이가 자기의 전력을 다하고, 교육이 유효하게 되는 것은, 그의 흥미가 그의 필요와 결합했을 때이다. 그러나 무턱대고 흥미를 추구하는 것도 바람직한 일은 아니다. 누구나 교육의 어떤 부분은 어린이들이 무조건 흥미를 불러일으키는 것이 아니라는 것을 알고 있다. 그렇다면, 왜 간접적 흥미, 예를 들면, 상을 주어 어린이의 관심을 이끌어내는 교육적 방법을 거부하려는지, 나로서는 그 이유가 잘 납득되지 않는다. 그렇게 한다고 해서, 이 발달 단계 고유의 도덕형성이 차질을 빚는 것도 아닐 것이다. 초등학생은 아직 아이들이지 청소년은 아니다. 그에게 득실을 떠난 공부의 이상을 들이대는 것은 위험한 일이 아닐까. 또 이 연령에서는 학교에서 볼 수 있는 극히 자연스런 태도인 경쟁심도, 공부를 자극하는 데는 귀중한 도움이 될 수 있다. 물론 신중히 다루는 것이 필요하고, 남자아이들 사이에서 흔히 볼 수 있는 공격적인 충동은 조심하여야 할 것이고, 질투나 증오를 수반하는 라이벌 의식으로 옮겨갈 위험이 있는 대항 심을 남용하지 않도록 해야 한다. 그러나 경쟁심을 완전히 막아버리는 것은, 심리학의 성과에 등을 돌리는 일이다. 요컨대, 우리로서는 이 학동기 기간에 생기는 발달을 최대한으로 고려해야 한다. 고학년 아이들은 저학년 아이들만큼 직접적 흥미에 의한 자극이나 교육적 놀이를 필요로 하지 않음은 물론이다. 어린아이들의 경우에도 즐거운 교육 속에 일이나 노력의 부분이 없는 것은 아니나, 그것은 까다로운 엄격함과는 언제나 무관하다.

초등학생 기간에 가장 위험한 것은, 기억의 남용이다. 이것은 어떤 교육에도 말할 수 있는 일이기는 하나, 특히 초등학생의 기억력이 상당히 좋은 것인 만큼 자칫하면 잘못된 방향으로 가게 된다는 것을 알아야 한다. 이것은 몇 세기 전부터 노상 지적되고 있으면서 노상 재생되고 있는 위험을 저지르고 있다.

우리가 그것에 저항하느라고 많은 고생을 하고 있다면 그리고 그것을 나쁘다고 하면서도 과중한 교육과정을 허용하고 있다면 그 잘못은 특히 교사가 학업을 계속할 아이들이 많지 않다는 구실로 의무교육기간 중에 나중에 소용이 될 만한 것은 모두 다 가르치기를 원하는 데에 있지 않는가 생각된다. 그 의도는 나쁘지 않으나 결과가 지극히 한탄스럽다. 초등학생시기는 교육의 한 단계에 불과하다는 것, 아직 아이들의 머리에는 들어가기 어려운 일들이 많다는 것, 잘 소화되지 않는 지식을 주입하려는 것은, 그저 그것들을 서둘러 공연히 기억 속에 풀칠해 붙이는 일 밖에 안 된다는 것 – 이런 것을 잊어버리고 있는 것은 아닐까. 아이들에게 알리고 싶은 것이 무엇인가를 선택하여야 하고, 또 그 선택은 연령단계에 맞지 않는 것은 모두 버리는 것이 온당하다. 특히 어머니의 관념을 작용시키는 데 필요한 단순한 지식을 획득시키는 것으로 만족하여야 한다. 이들 어머니의 관념이야말로 정신활동의 조건이 되어 있기 때문이다. 나는 차츰 이 두 가지 원칙이 프랑스의 초등교육과정의 근본적 단순화로의 출발점이 아닐까 여기며, 그렇게 함으로써 초등교육은 그 발달적 기능을 회복하게 되지 않을까 생각하게 되었다.

어린이들의 생활에서 학교의 가치를 크게 보면 볼수록, 학교가 지니는 약점을 배제해 나가도록 지켜보지 않으면 안 된다. 위험한 것은 기억의 남용이나 성급한 주입교육만이 아니다. 모든 사회제도와 마찬가지로 학교도 틀에 박힌 것이 되어 변화를 원하지 않는 경향이 있고, 경직화의 위험을 안고 있다. 신교육의 학교들에서조차 이 뿌리 깊은 경향을 떨쳐버리기에 고심하고 있으며, 가장 혁명적이었던 슬로건이 사용되고 있는 중에 어느새 낡은 관습이 되고 만다. 그러므로 이 연령에 관계되는 교육자의 태도는, 다른 어느 교육단계보다도 더 빠지기 쉬운 기계적인 관행에 대해, 언제나 경계체제에 있는 것이 필요하다.

3

초등학생의 교육은 몇 가지 기본적 과제로 환원시킬 수가 있다. 즉 앞에서 보았듯이, 논리적이고 과학적인 성격의 수렴적 사고를 가능케 해주는 어머니의 관념을 습득시키는 일, 창조성이나 그것이 자극하는 확산적 사고를 키우는 미적 교육에의 전주곡으로서, 미적 감각을 눈뜨게 하는 일, 법칙의 도덕에 의하여 성격의 사회적 형성을 행하는 일 등이 과제가 그것이다.

7~8세가 되면, 어린이들은 읽기와 쓰기와 셈하기가 가능하다. 다른 학습의 기초가 되는 지식의 교육이 쌓아올려지는 시점에서, 관념적 사고의 훈련에 도움이 되는 지적 교육의 조직화가 그 목적으로 선택된 몇 가지 교과의 학습을 통하여 가능하게 된다. 그러나 지금까지의 상황을 보면, 교과, 교재에 관한 교육심리학은 조직적 연구나 실험적 연구가 부족하기 때문에

결함도 있다.

초등학생의 정신활동을 지배하고 있는 기본적 관념은, 특히 수, 공간, 시간, 인과의 관념이며 다음단계에서 법칙이나 환경의 관념이 추가된다. 이들 각 관념의 획득은 각각 하나의 교과에 의하여 용이해진다. 예를 들면 역사교육은 어린이가 시간의 관념을 터득해 가는 데 도움을 준다. 물론 몇 가지 교과의 교육이 같은 하나의 관념의 획득을 위해 공동으로 작용하는 경우도 있고, 또 하나의 교과 교육이 관념적 사고의 훈련만을 유일한 목적으로 하고 있는 일도 없다. 그러나 지적 교육의 문제를 그 본질에 입각하여 밝혀나가기 위하여, 대담하게 단순화하여, 한 교과가 하나의 어머니의 관념에 대응하는 것으로 생각하고 싶다.

수의 관념은 학령에 이르기 훨씬 전에 생긴다. 우선 하나와 여럿의 구별로부터 시작하여, 2세부터 5세 사이에 평균적으로 1년에 1단위씩, 5까지의 수가 습득된다. 그리고 교사가 조금 손을 대기만 하면, 당장 학습이 시작된다. 그러나 큰 수는 오랫동안, 그저 외울 뿐이다. 이 최초의 단계에서 수는 아직 추상적인 심볼은 아니고, 아이가 취하는 하나하나의 사물의 그룹과 연결되어 있다. 최초의 계산으로서의 더하기와 빼기는 수의 구체적 조작에 적합하다. 그리고 곱하기 나누기와 같이 더 추상적인 조작에 의해 촉진되어 간다. 초등학생은 계산을 통해 수를 기능적으로 다루는 시기를 거치는데, 이처럼 수를 잘 다루어 가는 동안에, 수가 계산이나 추리를 가능케 하기 위한 단순한 기호에 불과해지는 새로운 단계로의 접근이 가능하게 된다.

제3아동기 중에는 수는 어린이를 양 및 측정의 세계와 관련 지어주는 역할을 한다. 산수는 이 역할에 아주 안성맞춤인 교과이며, 추리를 작용시키는 간단한 응용문제에도 계산학습이 도움이 된다. 또 수에 조금씩 상징으로서의 의미를 부여해가도록 해야 한다. 그러나 여기서도 너무 욕심을 내거나 서두르지 않는 것이 좋다. 우리들 주위에 있는 많은 사람들은 수에 관한 수학적 개념 없이 훌륭히 생활하고 있고 단단히 결합된 수의 관념으로 조금도 불편을 느끼지 않기 때문이다. 그러므로 초등학생에게도, 예외를 빼면, 그것으로 충분하다. 수학에 대한 관심을 제3아동기가 끝날 무렵에 겨우 눈뜨는데, 이것은 자라온 추리력에 의하여 명제의 간단한 검증으로부터 참된 증명으로 나아갈 수 있게 되고 부터의 일이다. 이때 이번에는 기하학이 그 도형과 함께 또 대수는 새로운 종류의 수와 더불어 등장하게 된다.

논리적 사고에 있어서 수는 그 기초가 되는 어머니의 관념,

즉 다른 모든 관념의 습득을 지배하는 관념이다. 현대문명의 발달로 그 중요성은 증대하고 있는데, 바로 그 때문에 교사에게는 그 습득에 가장 세심한 배려가 된다.

공간에 대한 관념도 일찍부터 자란다. 어린아이는 곧 물건의 위치라든가 넓이라든가 거리에 관한 관념을 가지는 법이며, 조작이나 보행이나 감각훈련이 적절한 어휘 좌, 우, 상, 하 등의 도움을 빌려, 공간에서 물건의 위치를 인식하게 된다. 물론 여기서 문제가 되는 것은, 구체적으로 눈에 보이고, 만질 수 있고, 움직임이 있는 공간을 말하는 것이지 뒤에 기하학에 의해 그 관념이 주어지는 추상적인 수학적 공간을 말하는 것은 아니다.

이 관찰가능한 공간의 관념을 발달시키는 데 가장 적절한 교과, 여러 현실의 소재를 알게 해주는 교과는 지리이다.

그 교육은 몇 가지 요소로 이루어져 있다. 즉 여러 현상의 용어를 아는 일, 장소를 특정(特定)하는 일, 설명하는 일이 그것이다. 간단한 용어의 습득은, 비유로 사용하는 묘사에 의하여, 저학년 경부터 가능하지만, 그것에 대한 지적인 관심은 약하다. 이 연령에서 가장 교육적 가치가 크다고 생각되는 것은 이 교과의 제2의 요소인 장소의 특정이다. 왜냐하면 그것을 기초로 하여 공간의 관념이 짜여 가기 때문이다. 따라서 연습을 통하여 도면이나 지도에 조금씩 친숙해지도록 하는 것이 중요해진다. 그 연습은 단계적으로 아이들의 (공간인식의) 지평을 넓히면서 공간의 도형적 표상을 부여해 가는 것이며, 모든 자연적 및 인문적 지리현상은, 그 표상 속에서 각자의 위치에 기입되어 가는 것이다. 이처럼 화제의 사물에 관하여 끊임없이 위치를 부여하거나 장소를 특정하게끔 훈련된 학생은, 다음에는 해석하는 지리적 현상간의 관계를 알고 싶어 하는 학습에 착수하게 된다. 그러나 아동기중의 해석은 아직 매우 단편적이고 도식적인 데 머문다. 왜냐하면 그것이 완전한 해석이 되기 위해서는 환경에 과한 훨씬 복잡한 관념의 습득이 전제되기 때문이다. 초등 지리교육의 어려움의 하나는 눈에 보이는 공간으로부터 원거리의 공간으로 옮겨가는 데 있다. 즉 충분한 상호관계의 형성이 없으므로 이 두 가지 관념은 머릿속에서 흐리멍덩한 채로 서로 혼합되어 구성되거나 방치되거나 할 위험이 있다. 또 하나는 될수록 구체적인 공간 표상을 부여하기가 어렵다는 것인데, 이것은 사진이나 영화나 읽을거리의 역할이다. 이렇게 하면 우리들의 유년시기에 흔히 볼 수 있었던 군(행정구역) 명단의 암기와 같은 언어 편중주의도 피할 수 있다. 지리교육이 관찰이나 조사 등의 활동적 교육방법에 가장 적합한 것의 하나라는 점을 부언해 두면, 그것이 현대의 초등학생의 지적 교육 속에서 차지해야 할 위치도 이해될 것이다. 또 초등학교의 초급과에서, 중학 1년생 학급에서처럼 많은 학생이 영문도 모르고 암송하고 있는 추상적 정의나 이론적 해석에서 출발하는 지리교육이 얼마나 불합리한가에 관하여도, 우리들의 의견은 일치하는 것이 아닐까.

시간의 관념은 공간의 관념과 연결되어 있으나, 아이들의 경우 그 심리적 발달이 더 편안하기 때문에 이 차이가 교육에 중요한 결과를 초래하고 있다. 초기의 즉시 기억현상을 상기하면, 시간의 관념도 꽤 일찍부터 나타난다고 할 수 있으나, 실제로는 갓난아기나 유아는 현재 속에서 살고 생각하며 지나간 시간이나 사건의 지속에 관한 의식은 없다. 과거와 현재의 구별이 잘 되지 않으며, 미래의 화신이면서도 아직은 미래에 대하여 닫혀져 있다. 시간에 관한 명확한 관념을 가지기 훨씬 전부터 시계를 볼 줄 알고, 날짜를 되풀이하여 말할 수도 있다. 시간에 관한 혼동 심성적 이해는 제3아동기중에 사라지게 되고, 대신 역사적인 시간이 그 사고 속에서, 사건의 연결로서 조직되기 시작한다. 이것은 연대기로 가는 실마리가 된다. 마찬가지로 나이가 들어서 늙어간다는 것에 관한 관념도 나타난다.

그러나 청년기가 되기까지는 뿌리 깊은 혼란도 볼 수 있고, 외부로부터의 도움 없이 여러 가지 사건을 시간 속에서 바로 그 가치를 파악하는 일은 매우 곤란하다.

시간관념의 습득을 가장 잘 도와주는 것은 물론 역사교육이다. 지리교육의 경우와 마찬가지로, 역사교육에도 세 가지 요소를 인정할 수 있으나 다만 위치의 특정이 여기서는 연대의 특정으로 바뀐다. 교사라면 누구나 잘 알고 있는 일이지만, 어린이들은 역사의 일화적 측면, 그림이 되는 측면은, 상상력이나 모험심이 일어나기 때문에 아주 좋아하지만, 배운 역사적인 대사건에서 연대기를 구성해나가는 일은, 일반적으로 많이 어려워한다. 9세나 10세가 되기 전에는 연호의 암송은 재미없는 말만의 훈련에 불과하다. 역사적 발전의 의미를 이해할 수 있게 되는 것은 청년기를 통하여 되지만 어떻든 그 안에 연대에 관한 초보적 관념은 만들어지게 된다. 역사교육은 현대의 교육자들이 가장 많은 노력과 머리를 짜낸 교육의 하나이다. 생생한 형태로 교육실천이 행하여지고, 내용구성이 우수한 교과서도 만들어졌다. 그러나 정신적인 면에서 어머니의 관념 작용과의 관련에서 볼 때 역사교육이 가장 곤란한 교과임에는 틀림이 없다. 왜냐하면 초등학생은 물론 사건을 시간 속에 그 위치를 파악하고 생각하지 않기 때문이다. 그는 역사를 아는 연령이라고 하기보다, 아직은 여러 가지 이야기를 좋아한 연령이다.

인과라는 말은 전혀 다른 두 가지 뜻을 가지고 있다. 하나는 행위의 동인(動因 : 사물 현상을 일으키거나 변화시키는 원인)을 뜻하며, 여러 가지 사건은 흔히 심리적 인과관계로 일컬어지고 있는 것에 의해 관련지어질 수 있는 것이고, 다른 하나는 두 가지 현상 간에 존재하는 필연적, 항시적인 관계를 뜻하는데 이것이 과학적 인과관계이다. 첫째형의 인과관계는 유아의 혼동 심성적 사고를 지배하고 있고, 두 번째 형의 인과관계는 9세나 10세경부터, 차차 초등학생에게도 이해할 수 있게 된다. 그러나 사물에 대한 자기중심적 고집성은 미쇼가 지적하였듯이 청년기까지 남아 있을 수 있다. 집단적인 암시작용이 기묘한 혼동을 야기 시킬 수도 있다. 인과 관계는 과학적 사고를 만들어내는 가장 중요한 관념의 하나이며, 다음 단계에 가서 법칙의 개념에 의해 보충되게 된다. 이 관념에 관하여 교사의 일에 가장 큰 도움이 되는 것은 이과교육이다. 우선 여러 현상의 관찰, 다음에 특히 학생의 눈앞에서 행해지는 실험, 학생자신이 해보는 실험 등을 통하여 눈앞에서 행해지는 실험, 학생자신이 해보는 실험 등을 통하여 아이들은 인과관계의 메커니즘을 발견하고,

또 현상간의 규정관계라는 개념에도 익숙해진다. 12세가 되면 간단한 법칙 예를 들면 물체의 낙하나 팽창의 법칙 등에 관하여 가르치기 시작하는 일까지 있다. 그러나 아직 이 단계에서는 물리적 법칙은 이해 한 다기보다도 외우는 것이며, 법칙의 이해를 가능케 하는 귀납적 추리도 아직 그리 확실한 것은 아니다. 정치적 법칙에 관하여는 그보다도 조금 일찍 이해할 수 있게 되는 법인데, 이것은 아마도 정치적 법칙이 아이들의 사회생활을 지배하고 있는 규칙의 관념에 가까운 것이라는 데 기인할 것이다. 그리고 초등학생 시기에는 위에서 든 두 가지 법칙의 관념들 사이에는 흔히 혼동되는 것을 볼 수도 있는데, 이과교육의 성과중 하나는 바로 이 혼동에 종지부를 찍게 하는 데 있다.

학교에서 다양한 지식을 획득해가는 활동을 기본적 관념과의 관계에서 정리해가면 안다는 것은 기억에 의해 사상을 모집하는 일이 아니라 많은 지식을 조직화하는 일이라는 것을 알게 된다.

이것은 현실에 관한 최초의 논리적 이해양식을 그리고 세계에 관한 관념적 사상을 부여해 주는 것이다. 지식의 획득은 사물간의 관계 파악을 위한 지적 훈련이나 판단력, 추리력의 형성과 일체가 되어 있다. 안다는 것이 이처럼 조직화되고, 관련되어지고, 동화되어 있다면 그것은 초등학생의 사고 그 자체라고 할 수 있다. 그 유명한 몽테뉴의 - 잘 된 머리와 주입된 머리 - 에 관하여는, 적절한 해석이 되기보다도 그저 지당한 말로 받아들여졌으나, 우리의 개념에 의하여 이 경구가 합리적, 발달적으로 정당화될 수 있는 것이 아닌가 여겨진다. 즉 몽테뉴가 대망한 잘 된 머리란, 텅 빈 머리도 아니고, 바슐라르가 두려워하는 폐쇄된 지식으로 된 머리도 아니다. 그것은 아이의 관념적 지식이 사고의 활발한 작용과 일체가 되어 있는 머리를 두고 한 말이다.

*

미적 감각에 눈뜨는 일은 상당부분을 학교에서의 문학교육이나 예술교육에 의존한다.

여기서 교육전체 속에서 가장 넓은 의미에서의 프랑스어교육, 즉 언어학습이나 읽기나 작문의 학습을 종합한 교육이 담당하는 역할에 관하여 강조해두어야 할 것으로 본다. 그것은 교육의 수단이고 문명의 운반자라고도 할 수 있다. 그 작용은 결코 미적 영역에 한정되는 것이 아니고 교육자에 대하여 실로 다종다양한 가능성을 제공하는 것이다.

프랑스어의 교육은 교사들 사이에서 많은 논쟁의 대상이 되었다. 과거 대작가의 저작은 중등교육에서 치중하고, 초등학생은 자연스런 이야기, 초등학생에게 접근하기 쉬운 현대작가를 보다 중시하여야 한다고 보는 쪽으로부터 맹렬한 공격이 있었다. 도움을 요청받은 언어학자들도 거기에 동조하였다. 그 논쟁의 대상이 된 교육방법의 개혁에 있어서 모든 것이 소용없는 일이라는 말은 아니다. 그러나 언어를 그 열심인 사람들 말에 따르면 창조적인 것이 되는 속어나 아이들의 말과 혼동하는 따위의 지나친 일은 피해야 할 것이고, 또 무엇이든 새것이 좋다고 하면서 균형 잡힌 문학교육 속에서 과거의 작가를 추방하는 따위의 일은 하지 않는다는 조건이 필요하다.

이미 보아온 것처럼 형성적 가치를 지닌 다른 교과의 교육과 마찬가지로 프랑스어의 교육도 지적 교육의 일환이 되어 있다. 실제로, 아이들이 입문기의 학습으로 다른 공부의 겨를이 없는 상태를 벗어난 때부터는, 특히 읽기는 사고의 형식이나 그 미묘한 차이를 배우는 가장 용이한 수단이 된다. 따라서 읽기도 관념적인 지(知)의 작용을 완성시키는 데 크게 공헌하며, 동시에 예민한 정신을 키워주고 사고의 표현상의 명석함이나 정확성에 대한 배려를 키워주는 것이다.

이 밖에 프랑스어교육은 아이들의 감수성의 교육에서도 큰 구실을 하고 있다. 그들이 스스로 읽거나 어른에게 읽어 달라고 하는 문학적 문장에 의하여 아이들은 스스로 체험할 기회가 늘 있다고는 할 수 없는 매우 다양한 감동이나 감정의 기미에 접할 수가 있다. 그것은 하나의 발견이며, 그것이 조금씩 아이들의 감수성을 풍부하게 하고, 섬세하게 해가는 것이다. 이러한 방법의 약점은 직접 경험에 호소해야 하는 일도 그렇지만, 장면이나 기분에 관하여 상상케 하거나, 암시하거나, 묘사하거나 하는 일로 진행시켜가지 않으면 안 된다는 것이다. 따라서 다른 경우와 마찬가지로 아이들의 감수성과 문장 속에 표현되어 있는 것이 서로 너무 동떨어지지 않도록 주의하여야 한다. 아이들의 경험 속에 충분한 바탕이 없으면 지적인 언어 편중주의에 빠지게 되며 현실의 인격과는 동떨어진 이치만 따지는 부자연스런 인격을 지닌 어린이로 키우게 될 것이다.

예민한 정신이나 감수성을 길러주는 교육은, 어린이들이 아름다운 것을 구별할 줄 아는 정서를 가지게도 되지만 그것을 통하여 감각 조절이나 섬세함의 감각도 줄 수가 있다. 그러나 미적 감각의 형성은 결국 미적 교육 그 자체로 되돌아가는 것이다. 이 연령에서는, 미적 감각보다 감각적 경험의 관념화 쪽이 중요하다. 그것은 미적 감각 쪽이 가치가 적기 때문이 결코 아니다. 교양 있는 인간의 육성에 있어서 미적 감각의 형성은 지식 획득과 꼭 같이 중요하다. 다만 미적 감각 분야에서의 초등학생의 가능성이 일반적으로는 매우 한정되어 있다는 이유에 의한 것이다. "일반적으로" 라고 할 필요가 있는 것은 실제로 감수성이 많은 소질이 있는 자의 경우, 특히 초등학생의 경우는 이 양쪽의 발달의 불균형이 소실되어 있거나 때로는 균형관계가 역전되어 있는 어린이가 있는 일도 있기 때문이다. "행동에 의한 학습" 이란 주장의 신봉자 중에는 이 일을 잊고 있는 사람도 있는 듯하다.

초등학생의 예술교육에서 주요한 자리를 차지하는 것이 문학이지만 10세경부터는 회화의 미나 가곡의 가락, 서정적 표현 등에 마음이 감동되지 않는 어린이는 별로 없다. 개중에는 이때쯤부터, 문학이나 특히 시에 접함으로써, 염소발아이시대의 놀람이나 감탄과는 크게 다른 현실도피라든지, 몽상이라든지, 명상의 가능성조차 보여주는 아이도 나타난다. 이리하여 청년기의 젊은이들에게는 둘도 없이 소중한 미의 탐구의 준비가 이루어지고, 때로는 벌써 그것이 시작되는 일도 있다. 초등학생에게는 훌륭한 작품을 감상하게 하는 것만으로는 충분치 않다. 아직 유연한 기억을 이용하여 문장의 몇 절을 암송시키거나 가끔 그것을 감정을 담아서 낭송시키기를 두려워해서는 안 된다. 낭송의 시간이 아이에게 가장 지루하고 싫증나는 시간인 것은 나도 잘 알고 있으나 이것은 적절한 방법이 결여되어 있기 때문이 아닐까! 이것은 단념해버리기에는 그 가치가 너무나 크다고 생각된다. 이것은 인류의 보배의 하나이며, 우리는 그 일부분을 아이들의 기억의 한구석에 남겨두어 다음의 연령에 달했을 때, 새로운 지식의 원천으로 삼는다.

음악과 회화는 초등학생의 예술교육으로서는 아직 경시되고 있는 실정이다. 그러나 음악교육은 지금은 몇 가지 새로운 방책을 준비하고 있다. 즉 쓰여진 음악의 언어를 발견케 하는 음계발성의 지식, 악기연주, 그리고 특히 합창이다. 합창의 경우는 음악의 기쁨 뿐 아니라 사회성의 교육으로서도 커다란 가능성을 제공해주는데, 거의 모든 학교가 거기에 극히 적은 비중밖에 주고 있지 않다는 점은 참으로 유감이다. 사춘기에 이르기까지 합창에는 하루 1시간 정도 할애하고 싶다. 회화는 음악만큼은 내버려지고 있지 않다. 그러나 아이들이 성장함에 따라

회화는 자유로운 표현 수단으로 그치는데, 다른 쪽에서 보면 아직 미적 감각의 형성의 수단이 되기에는 아직 이른 편이다. 회화의 수업은 흔히 느긋한 마음의 시간이 되지만 지루한 사진 묘사의 훈련에 지나지 않는다 하여 거기에 상상력이나 개성 따위는 존재할 수가 없는 상태가 된다. 열린 마음을 가진 교사나, 뛰어난 소질을 타고 난 소수의 학생만이, 이 훈련을 별것 아닌 경지로부터 건져서, 거기에 예술적 의미를 다시 부여할 수가 있다.

다행히도 현대생활이 가져다준 기술의 영향으로 예술작품의 확산, 미적 감각의 형성을 돕는 데 적합한 새로운 수단이 우리들에게 주어져 있다. 또 그런 이유에서라면, 레코드, 텔레비전, 라디오도, 어느 학교에서나 선택된 자리를 차지하여야 할 것이며, 영화도 마찬가지이다. 유명한 회화의 복제로 교실을 장식하는 일조차도 아름다운 것에 접촉할 수 있는 기회가 됨으로써, 아이들의 예술성 감수성에 깊은 영향을 미치게 될 것이다.

결과가 우리들의 기대에 어긋나는 일도 흔히 있다. 12세 아이의 미적 감각은, 배려 깊게 훈련된 경우에도, 자칫 무미건조한 것이거나, 지나치게 정교한 것이거나 해서 종잡을 수가 없을 때가 있다. 그러나 이것은 조금도 놀라운 일이 아니다.

미적 감각 형성과정에서는 초등학생 때는 하나의 단계에 불과하지, 마지막 단계는 아니기 때문이다. 초등학생의 정신구조에는 흔히 실제적이고 실리적인 데가 있어서 그것이 예술적 관심과 잘 맞물리지 않는다는 것을 우리는 자칫 잊어버리기가 쉽다. 미(美)와의 만남이 아이들의 마음에 결정적인 감동을 주는 것은 드문 일이다. 어떤 섬광이 솟아나는 것은 청년기가 되어서부터이며 아직 어린이들은 다른 관심사에 정신이 더 기울어져 있다.

*

성격교육은 이 시기에 있어서는 사회생활과 매우 긴밀히 연결되어 있다.

가정에서는 어린이들이 자기가 고유의 생김새를 가진 한 그룹의 일원임을 이해하기 시작한다. 집단 속의 감정생활이나 개인의 감정생활에서나 큰 역할을 연출하는 소속된 감정은 우선 가족 속에서 자란다. 입양되어온 어린이는 흔히 이 감정의 장애를 보여주는 일이 있으나, 보통의 아이들에게는 반대로 이 감정이 안정이나 신뢰의 요소가 된다. 그러나 만일 어린이가 자기 가족이 가장 우수한 가족이라는 자만심에 익숙해지고 만다면 그것은 위험한 일이다. 그렇게 된다면 그 일족에 들어 있지 않는 사람에 대하여 경멸, 질투 또는 적의가 생기게 되는 교만이 싹튼다. 바람직한 것은 아이들이 애정이나 타인에 대한 경의의 표현, 기쁨이나 슬픔을 공유하는 넓은 의식의 가족 귀속감정을 체험하는 일이다.

어린이가 자기주변의 사람과 일체감을 갖도록 하기 위해서는 무언가 집의 일을 돕게 하는 것이 좋다. 그것은 간단한 일이다. 어린이들은 남의 도움이 되는 일이나(어른처럼) 행세하는 것을 아주 좋아하니까, 농촌에서는 어린이들이 가축을 돌보며 지켜보는 일이 공동작업을 하는 최초의 일이 될 수 있다. 여자아이는 집안일을 도울 수가 있고 남자아이는 잔일을 하거나 심부름을 할 수 있다. 그러나 그 때에 어른이 그 도움을 고맙게 생각한다는 것을 아이자신이 느끼는 일이 중요하다.

형이나 누나가 동생들은 돌보아 주기를 부탁할 수도 있다. 그러나 형이나 누나에게, 남동생이나 여동생에게 부모행세는 시키지 말아야 하며, 하물며 머슴 행세를 시켜서는 더욱 안 된다. 어떻든 아이가 우리를 도와주는 경우 그저 헌신적으로 도와주도록 요구해서는 안 된다. 이 연령의 아이들은 자기들의 이익에 민감한 것이므로, 그들의 행위에 대하여 당연한 보수가 주어져야 할 것이다.(칭찬……)

성격의 사회적 교육은 초등학교의 기본적 과제의 하나이다. 우리들은 원칙적으로는 그것을 인정하고 있어도 실제적으로는 지식 습득 쪽에 힘을 쏟고는 그것을 잊어버린다. 개인적 노력에 대한 편집적인 집착에서 그 과제에 정면으로 반대하는 경우조차 볼 수 있다. 따지고 보면 이 성격의 사회적 교육은 계획적인 방법으로 진행시킬 수 있는 것은 아니고, 학교의 그날그날의 생활 속에서 생기는 여러 가지 집단 형성 마찰이 가져다주는 뜻밖의 성과라고 밖에는 말할 수 없다.

교육적 배려라는 명목으로 반(反)발달적 성격을 보여주는 데는 한 가지 예로써 충분히 입증 된다. 즉 가장 친구와 사귀고싶은 나이인데도 우리들은 아이들이 언제나 혼자서 공부하기를 바라며, 친구와 같이 노력하는 즐거움을 빼앗고, 이웃아이를 돕거나 도움을 받고자 하는 아이를 엄하게 벌하는 일을 하고 있지 않는가? 물론 학생의 참 능력을 알 필요성, 조금씩 개인적 학습에 익숙해져 가게 할 필요성을 부정하려는 것은 전혀아니다. 또 그룹학습의 어려움이나 노력하지 않고 쉽게 하려는 습관을 그룹성원 속에서 단련시키며 고쳐주어야 하는 점도 잊을 수는 없다. 그러나 그렇다고 하여, 공부하고 있을 때에 친구가 있었으면 하는 아이들의 사회적인 욕구를 무시하게 되는 교육의 구조, 또는 수단을 가리지 않고 그 욕구를 억압하려고 하는 교육 자세가 잘못임에는 틀림없다. 바람직하다고 생각되는 것은, 예를 들어 하루에 1~2시간, 개인학습과 아울러, 그룹 활동을 첨가시켜 이러한 욕구를 채워줄 기회를 만들어주는 일이다.

우리의 전통적인 초등교육은 두 가지 근본적인 방법에 따라 진행되어 왔다. 즉 교사가 행하는 일률적 수업과 질문 및 개별적 연습의 형식으로써의 학생의 응용학습이다. 심리학의 성과에 입각한 교육이라면, 반대로 전원을 대상으로 하는 수업을 적게 하고, 그룹으로 하는 응용학습 쪽을 될 수 있는 대로 많이 개별화된 교육을 하여야 한다. 우리는 그것을 팀 학습이라고 하기보다 그룹 학습이라 하고 싶다. 10세의 초등학생이 스포츠 팀이나 직장의 팀에서 볼 수 있는 매우 전문화되어 있는 활동이 가능하다고 보는 것은 잘못이다. 그룹학습은 놀이친구를 만드는 연령기에 적합하다. 어린이가 청년이 되면 그룹도 팀으로 바뀔 것이다.

학교에서 사회적 학습을 실현하는 실제적 방법은 다양하다.

예를 들면 집단의 이익이 되는 일(학용품의 배포와 같은 일에서부터 도서담당자의 일까지)을 맡기는 것, 선택 과제의 학습을 위해, 쿠지네가 권장한 것과 같은 그룹학습을 조직하고, 일을 배당하는 것, 학교 협동조합의 조직으로 하나의 경제공동체를 만들어, 학생자신에게 운영시키는 것 등이다. 이렇게 해 나가면 아이들의 자발성, 단결심, 책임감을 키울 수 있을 것이며, 모든 사회적 조직이 가능할 때에 발생할 수 있는 여러 문제에 대한 최초의 경험이 주어지게 될 것이다.

더 앞으로 나아가서, 예를 들면 장래의 시민으로서의 학습을 지금부터 하도록 요구하여야 하는 것일까. 나에게는 그것은 아직 좀 이르다고 생각된다. 초등학생의 생활과 어른의 생활 사이의 차이는 너무나 커서 성인으로서의 의무를 다하는 데 도움이 되도록 준비시키는 '학동공화국'을 설립한다는 것은 무리이다.

반대로 애국심의 교육은 극히 자연스럽게 이 우인(友人)과의 충실한 사회적 생활의 단계 동안에 시작된다. 이것도 하나의 그룹, 하나의 생활환경으로의 소속감이 그 바탕이 된다. 초등학교 저 학년생은, 가정이나 학교보다 훨씬 넓은 집단을 대상으로 하는 이 감정(애국심)을 품는다는 것은 아직 무리이다. 그러나 출생지나 가족의 일상생활과 밀착된 친근한 장소 등에 대한 애착은, 특히 전원생활을 하고 있는 경우에는 이미 이때쯤부터 싹트게 된다. 역사, 지리, 프랑스어와 같은 교과는, 그 '자기주변에 대한' 사랑을 조국 자체에로 넓혀가는 것을 돕고, 아이들의 감정면이나 사회성면에서의 평형상태를 만들어내는 근원적인 힘의 하나로서, 그 사랑이 싹트도록 돕는다.

사회적 성격의 교육에는 남녀공학의 문제가 관련되어 있다. 실현이 가능하면 언제든지 초등학생의 공학을 2~3년간 보장하는 것이 바람직하다. 거기에 가장 적합한 시기는 8세로부터 11세경이라고 생각된다. 이즈음에는 같은 연령의 남녀 사이에서는 평균적인 지적 수준이 거의 동등해지며, 성(性)적 면에서의 문제도 가장 적은 시기이기 때문이다. 이 공학의 수년간이, 친구들과의 사회생활을 보다 변화있는 자연스런 것으로 해주고, 남성적인 특성과 여성적인 특성을 서로 부드럽게 해준다. 외동이 에게는 특히 이 공학의 수년간이 필요하다고 생각된다.

성격형식은 골목 안에서도 진행시킬 수 있고 청소년 운동 중에도 이루어진다. 이 청소년 운동은 최근, 위기를 극복한 바 있다. 보이 스카우트의 저 연령놀이 동아리가 정규집단으로서 인정받게 된 셈이다. 대장의 통솔을 받으면서, 아이들은 공통의 규칙에 따라야 한다. 숲 속은 그들의 마음에 드는 활동 장소이다. 거기서 실천되는 교육적 놀이는 아이들의 신체를 튼튼하게 하고, 정신을 맑게 해준다. 어린 아동대가 정규의 스카웃(11, 12세 이상)으로 되게 되면, 활동이 세분되고, 규율이 명확해지고, 친구관계도 그저 무리를 이루는 특징이 적어지고, 보다 선택적으로 된다. 대원들의 입장이 불리해지는 경우가 있으면 열심히 협조하면서도 자신의 일에 철저해 지는 경향이 있다. 예를 들면 상으로 주는 배지를 많이 받으려고 하룻밤에 벼락공부를 하게 된다든지, 또 참된 지식이 있는 듯한 착각을 갖는 자만심에 빠지기도 한다. 청소년 운동 중에서 확고한 지지를 얻을 수 있는 것은 지적 교육보다도 성격교육 쪽이다.

독자에게는 우리가 초등학생의 교육에서 사회적 활동면에 너무 큰 기대를 걸고 있다고 생각될지도 모른다. 그 걱정은 적어도 프랑스에서는 염려가 없지만, 적어도 우리의 생물적 개체성으로 되돌아가게 하는 신체의 교육이 그 균형을 잡는 데 도움이 된다. 신체교육은 이 시기에는 그리 어려울 것도 없으며, 재주나 날렵함이나 운동의 정확성을 발달시킴으로써 주되는 생체기능의 활동을 돕는다. 그러나 이 교육은, 그 밖에 개인의 성격에도 작용을 미쳐서, 안정감이나 냉정, 자신 등을 갖게 하고,

신경계의 균형을 도와 행동을 조정해준다. 이 교육도 학생의 사회적 성향, 즉 협동심이나 경쟁심에 의지하는 바가 큰 것은 사실이다. 그것이 이 연령의 법칙이다. 이상 모든 이유에서 체육이나 스포츠교육은 학교의 시간표 속에서 더 큰 비중을 차지하여야 한다고 생각된다. '교육과 스포츠의 하프 타임제' '조정 수업 시간표'의 실시나 '스키 교실'이나 여름방학의 임간학교 등의 실시는 초등학생시절부터 개성 있고 조화 있는 발달을 도울 수가 있다.

초등학생의 도덕교육이란 것은 사회성 교육을 지칭한다. 거기서는 아이들이 그 의미와 적용범위를 이해하기 시작한 행위의 규칙(룰)을 그들에게 제시하고, 이것을 받아들이게 하는 것이 문제가 된다. 놀이를 성립시키기 위해 아이들은 스스로 여러 가지 규칙을 만드는데, 이 경우에는 노는 아이들 사이에서 사전에 양해가 성립되고 모두가 그 규칙을 존중하고 그것을 위반하면 벌을 받는다. 이러한 규칙이란 따지고 보면 피아제가 지적한대로 약속과 협동을 기반으로 하는 도덕의 표현이다. 이 규칙의 도덕은, 유아의 경우 생활습관의 도덕과는 근본적으로 다르다. 그것은 벌써 강제적으로 성립되는 것이 아니라 모두에게 좋은 것, 타당한 것으로 인정된 약속에서 성립된다. 즉 학교의 규칙, 청소년운동이나 놀이친구 사이의 규칙, 그리고 자치 활동의 시도는 그것이 적당한 단순성을 지니고, 아이들에게도 어른들에게도 존중되고 있다는 조건하에서라면 이 발달 단계에 어울리는 것이라 할 수 있다. 규칙의 도덕 중에서 최고의 덕은, 충실성, 서로 돕기, 그리고 특히 공정성이며, 이것은 멜리난드가 정확히 간파한대로 초등학생의 도덕의 축이 되어 있다. 따라서 공정치 못한 교사는 학생의 눈으로 보면 선생으로서 실격이다.

4

전체적으로 보면 이 교육단계는 하나의 주요사실에 의하여 지배되는 것으로 생각된다. 즉 생후 수년간이 굳이 말하자면 가정화의 시기였던 것처럼, 이 단계는 아이들의 학교화라는 사실에 지배되어 있다.

학교화라는 것은, 아이들이 가정환경과는 전혀 다른 생활환경에 접근하여, 거기에 조금씩 적응하면서 초등학생이 되어가는, 대단히 복잡한 과정을 자칭하는 말이다. 왈롱과 휴버트는 그 중요성을 강조하였으나 심리학은 오늘날 아직 학교화의 메커니즘, 행태, 효과 등을 우리들에게 정확히 알려준다고는 말할 수 없는 상태이다.

반대로 우리가 잘 알고 있는 것은, 비정상적인 상태를 대단히 많이 볼 수 있다는 것, 그 중에서 가장 중대한 것은 그 후의 교육전체를 위태롭게 하고 있다는 점이다. 그 비정상은 때로는 과도한 학교화에서 또 때로는 그 불완전성에서 온다. 예를 들면 우리의 교육체제에 지나치게 순종하여 책 속에서만 그리고 점수를 위해서 살고 있는 "좋은 어린이"는 학급 안에서는 빛이 나도, 활동면은 서툴러서 학교화 과잉이라고 해야 할 양상을 띤다. 반대로 지적으로 부족하게 태어났거나 정서적 성격장애 때문에 성적이 좋지 못한 학교 부적응아는 학교화 부적응아이다. 우리 의료 교육심리센터에 상담하러 오던 어린 부적응아들을 관찰한 결과를 통하여 뒤의 비정상집단은 대단히 복잡하다는 것을 알게 되었다. 지능이 정상인 경우는, 학교생활이나 학습에의 적응곤란은 흔히 가정적인 악조건과 관계가 깊다는 것이 확인되었다. 즉 고아, 양자, 외동이 등은 고사하더라도, 이혼가정, 형제간의 경쟁의식, 부모의 관심의 과잉이나 부족에서 오는 교육상의 잘못 등 악조건이다. 이들 사례는 어떤 생활환경이 아이들의 적응을 얼마만큼 저해할 수 있는지를 생생하게 가르쳐준다. 여기서는 정신위생이 상당히 중요한 역할을 하게 된다. 즉 이러한 비정상적인 학교화의 원인을 해명하고, 치료적인 교육에 의해, 문제가 있는 아이들이 학교환경에 재적응을 돕는 노력을 하는 것이 요망된다. 의료교육센터의 요구에 의해, 프랑스의 중학교 교육체제 안에 창설된 최초의 재적응 학급은 이 요청에 따른 것이었다. 수적으로는 더 많은 학습장애 치료그룹도 같은 방향으로 기능을 다하고 있다.

*

지금까지 검토해 온 초등학생 시기는 선행단계와는 명백히 다르다. 초등학생에 어울리는 생활 양상은 두 가지 본질적 특징으로 정의할 수 있다. 우선 초등학생은 공부를 한다. 즉 그에게는 처음은 방법적 사고학습이 시작된다. 다른 쪽에서 그는 일체감을 느낄 수 있는 아이들의 집단속에서 생활하고, 또 그것을 좋아한다. 이런 것들은 염소발아이나 그 제멋대로의 처신과는 크게 다르다. 그 동안에 거쳐 온 과정을 알아보는 데는, 두 개의 예술작품, 즉 할스가 표현한 천진난만 놀이에 흥이 난 구김살 없는 아이들의 초상화와 로비아가 조각한 합창하고 있는 사려 깊은 듯한 모습을 하고 있는 학생들의 대리석상을 비교해 보면 충분하다.

제 4 장

사춘기 : 불안의시기

· 사춘기 : 불안의 시기

성별 또는 개인에 따라 다르지만, 12세부터 18~20세에 걸치는 청년기는 성장이나 교육으로서는 최후의 단계이기 때문만이 아니라 우리가 보통 아이시대라고 일괄한 지금까지의 단계와 비교해도 크게 다른 시기이다.

생물학적 법칙에 따르면 이 시기는 생식기능이 눈뜨는 시기에 해당하며, 그것은 사춘기 현상으로서 현존화하게 된다. 심리학적 관점에서 이 시기는 복잡하지만 동시에 뚜렷한 특징을 볼 수 있게 된다. 즉 행위가 감정에 좌우되는 일이 많아지고 다양한 흥미를 통하여 사고의 범위가 급속히 넓어진다. 또 지금까지는 행위 속에 퍼져 있던 정신생활이, 많든 적든 뚜렷이 내면화 된다. 뿐만 아니라 성별, 환경, 개인에 따른 차이가 강조되어, 행동이 점점 더 개성화되어 가기 때문에 청년기는 아이시대처럼 계속되는 발달 단계로 볼 수 있기보다는 다종다양한 발달의 형태가 나타난다고 할 수 있을 정도이다. 끝으로 사회학적 견해에서 보면 이 시기는 일련의 사회적 문화적 학습에 의해 한 사람의 인간을 어른의 사회에 참가시키기 위한 준비의 시기이다.

이와 같은 일반적 여건 하나하나가 교육상의 문제를 제기하는데, 이 문제가 이 긴 시기의 초기 쪽에 관계되느냐 말기 쪽에 관계되느냐에 따라서, 이들 문제가 나타나는 방법이 크게 다르다. 청년기 초기 쪽의 몇 년간은, 자아의 교육이 관심사인 데 비하여, 그 후의 수년간은 문화의 교육이 지배적이게 된다. 그래서 교육자의 임무 역시 달라져 간다. 여기서의 인간형성의 국면이 하나로 통합되어 있는 데도 불구하고, 2단계(초기, 말기)로 구별하여 생각하는 것도 이 때문이다. 이 2단계는, 아이시대의 단계와 같은 상당한 차이가 있으므로, 어떻든 일정한 연령의 경계선 설정은 가능하다. 즉 사춘기 불안의 시기, 대체로 12세에서 16세까지와 16세에서 20세경까지의 청춘의 정열의 시기로 나눌 수 있다.

1

 사춘기는 학생이나 교사에게 다 불안의 시대이다. 그러나 그 불안은 각각 다르다. 청년의 불안은 기질적 변화가 심리적 작용으로 생기게 된 것이다. 교사의 불안은 그 정당여부는 고사하고 자기의 학생이 위험에 둘러싸여 있다고 생각하는 데서, 또 자기의 직무를 수행하는 과정에서 만나는 새로운 어려움을 생각하는 데서 나온다.

 신체의 성숙이 내분비선의 작용에서 생기는 두 가지 현상에 의해 특정지어진다는 것은 잘 알려져 있다. 즉 하나는 신장과 체중이 최고로 신장되는 시기로, 이것은 소년보다 소녀 쪽이 빠르다. 다른 하나는 중심적 현상인 성적 성숙의 표시로서 제2차 성장의 출현이다. 이것은 소녀에게는 초경, 소년에게는 최초의 몽정형태로 나타난다.

이렇게 나타나는 생리적 변화는 성장에 따르는 일시적인 어려움으로 상반되게 일어나므로 그 영향이 심리적 현상전체에 미치고, 이것들이 이야기하는 동요는 몇 가지 특징적인 양상을 띠게 된다.

관능적인 것을 쉽게 느끼는 것과 동시에, 그 감수성도 풍부해져서 때로는 정서과민의 상태에까지 도달한다. 신체에 대한 관심도 싹트고, 특히 여자아이의 경우는 수치심이 생긴다. 성적인 호기심이나 성적 유희, 자기 자신의 신체에 만족을 구하는 젊은이의 자애, 이성으로의 접근을 열망하는 새로운 격정 등 이와 같은 많은 징후는, 흔히 성기의 형태로 나타나는 성에 대한 눈뜸과 연결되어 있다. 이 시기의 끝에는, 우인관계도 보다 격렬하고, 보다 선택적인 감정, 즉 우정에 길을 터준다. 이 우정도 또한 흔히 애정의 전주곡이 된다. 사랑하고 싶다는 욕구는 청년기의 열렬한 우정을 가꿀 뿐 아니라 학교에서 여학생을 짝사랑하는 연애감정을 품게 된다. 이 연애 감정은 열렬한 애정이 육체적 욕망을 억눌러야 하는 감정단련도 하게 된다.

흥미나 의견이 달라지게 되고 또는 새로 나타나는 사건들에 이치따지기를 좋아하는 경향이, 이 시기의 지적 발달의 특징이 있다. 그리고 아직 조정이 불충분하여, 정동(情動) 면과 강하게 결합되어 있는 상상력이, 거센 정동의 행동을 여러 가지 감정으로 바꾸어가며, 정신생활 전체 속에서 우세한 위치를 차지하게 된다. 몽상은 이 시기에 특징적인 사고 양식의 하나이다. 흔히 위험한 형태, 즉 백일몽의 형태를 취하는 일이 있으며, 이런 경우에는 현실에 적응할 수가 없는 데서 가공 세계로의 도피현상이 나타난다. 그것은 결국, 공상적 행위라는 이름으로 불리는 청년기의 기발한 행동으로의 도약대처럼 된다. 이 시기 중에 관념적 사고가 개념적 사고로 바뀌고, 개개의 능력도 뚜렷해진다. 그러나 어렸을 적부터 한 걸음 한 걸음 착실히 발달해온 이 위대한 지적 성장도, 이제는 사춘기의 정신적 동요의 그늘에 가려지기 쉽게 된다.

성격면의 장애는 훨씬 더 현저해진다: 운동기능의 불안정은 보통 표면적이지만, 극단적인 경우에는 무답변적인 움직임에 이르는 수도 있다. 주위사람들에 대한 반항, 특히 가정이나 학교에 대한 반항 때문에 말을 안 들을 뿐만 아니라 가출이나 등교 거부를 한다. 이 반항은 자기주장의 관철을 보여주는 것이며, 그 정도는 다르지만 제2아동기에 볼 수 있었던 자기주장의 움직임을 회상케 하는 것이며 또 이것은 금후 청년기를 통하여 계속 발달한다. 특히 남자 쪽에 흔히 볼 수 있는 내향성 기질은, 타인과의 접촉 곤란을 말해주는 것이면서, 동시에 중대한 자아의식의 위장구실도 한다. 그런데 청년기의 젊은이들은 여러 가지 역할을 떠맡기를 좋아하며, 거기에다 자기가 모델로 하고 있는 사람을 열광적으로 찬미하는 법이다. 예를 들면 가수, 배우 등에 대한 숭배태도를 보면 알 수 있다. 그들은 자기와의 동일화를 추구하고 있으며, 다음 여러 가지 인물의 역을 해보고, 거기에 자기를 발견하려고 하지만 결코 찾아내지는 못한다. 타고난 요소에다 보충된 인격은 조정이 잘 안되고 균형이 잡히지 않아 변하기 쉬운 상태로 머문다.

발달 그 자체도 무언가 조화가 깨진데 가 있고, 청년기 시초에 우선 양보로 나타나는 일도 흔하다. 그리고 마치 지금까지 빨랐던 성장에 대해 반동이기나 하듯이, 학교생활의 뿌리 깊은 영향으로 아이다운 정신상태가 연장되고 있는 듯이 보인다. 그러나 이 아름다운 외견에도 균열이 생기고, 기분은 바뀌어서 전단계에서 존중되던 것이 그 가치를 잃게 된다. 이어서 새로운 욕구가 생겨 어린이의 시대가 가고 청년기가 도래했음을 알린다. 일어나는 여러 가지 변화의 양상, 리듬, 상대적 중요성은 개인에 따라 크게 다르며 생활조건에 따라서도 다르다. 예를 들면 직업 견습생은 학업을 계속하는 청년과는 뚜렷이 구별된다.

사춘기의 발달을 설명하는 요인으로서, 급격한 신체기관의 성숙이 다시 나타나는 것을 들 수 있다. 초등학생시절에 절대적인 영향력을 지녔던 교육적 요인, 즉 훈련은 생후 수년간과 마찬가지로, 한동안 기관의 성숙에 의해 압도되고 만다. 그러나 이러한 비교는 사람을 혼란에 빠뜨린다. 사춘기의 성숙은 제1기처럼 본질적으로 신경계의 성숙이 아니고 호르몬계의 성숙이며, 이것은 전체적인 운동기능에는 작용하지 않고, 성적인 것에 작용하게 된다. 특히 이 성숙은 어린이시절의 조건과는 크게 다른 조건하에 생겨난다. 실제로 이것은 어린시절 동안 줄곧 교육의 영향 하에 갇혀져 있던 행동에 대하여 작용하게 된다. 특히 성적본능이 출현하게 되어, 그것을 억제하거나 저항하거나 방향전환을 하려는 습관이나 사회규칙이나 도덕적인 모든 규칙과 충돌하게 된다. 결국 이러한 어려움이 사춘기의 행동면에 나타나는 위기 같은 양상으로 보이게 된다. 게다가 문제는 성숙에서만 생기는 것이 아니다. 어른의 생활과 그 임무에 적응하고자 하는 여러 가지 학습이 이 어려운 시기 동안에 시작된다. 그러므로 사춘기에 일어나는 격동은 과거에 학습한 것만이 아니라 현재 학습하고 있는 모든 것이어서 이 시기에 더욱 갈등에 찬 성격표출이 나타나기도 한다. 청년기를 이해하는 데는, 생물학적인 지식으로 보아서는 불충분하며 사회학적 견해만으로도 불충분하다. 신체변용에만 그 중요성을 부여하는 생물학적, 의학적인 시점은 학습에만 관심을 보이는 사회적 관점과 마찬가지로 잘못된 것이다. 이것은 청년기를 왜곡되게 비쳐주는 두 개의 거울이다. 참된 심리학적 문제는 신체적 영향과 사회적 영향이 상호작용하여 받는 조정과 동시에 변용시키는 주체이기도 한 하나의 인간 속에서 검토하는 일이다. 그리고 교사의 역할은 바로 이 두 가지 추진력의 평형을 찾아서 인격의 발달을 돕는 데 있다.

2

　이상과 같이 일반적인 특징을 말하는 것으로 출발하였으나, 이 사춘기교육의 일은 말하기는 쉬워도 행하기는 어렵다고 할 수 있다.

　우선 청년들이 이 불안의 수년간을 지나는 것을 도와주는 일, 거기서 쓸데없는 동요나 위험한 경험으로 이끌리지 않도록 하는 일, 그 전의 연령보다도 평형이 결여되어 있는 정신생활에 통일성을 도와주는 일 등이 과제가 된다. 이런 일을 해내기 위해서는 교사와 학생 사이의 긴밀한 관계가 반드시 필요하나, 누구나 다 알다시피, 사춘기는 이 감정면의 접촉이 한층 어려울 때이다. 특히 부모는 성장한 아이를 이제는 이해할 수가 없다고 한탄한다. 사실은, 더 어린아이와의 사이에도 이해할 수 없는 일은 존재한다. 그러나 그 경우에는, 어른의 정신구조와 아이들의 그것이 기본적으로 다른 데 기인한 것이며, 우리는 그들을 이해하지는 못할망정, 그들이 생각하는 바는 포착할 수 있다. 그것은 무언가 자연스럽게 여겨지는 데가 있어, 이해를 못해도, 그 때문에 우리가 초조해지지는 않는다. 반대로 사춘기의 아이들은 우리에게 훨씬 가깝게 느껴지고, 간단히 이해해 줄 수 있을 것 같은 기분이 든다. 그들과 우리 사이에 벽이 가로막고 있는 데 놀라거나, 때로는 초조해지거나 한다면, 그 책임의 일단은 우리에게 있다. 이제는 어린이가 아닌 데도, 우리는 그들을 때로는 어린이로 취급 하고, 한편에서는, 아직 어른이 아닌 데도, 때로는 어른 취급을 하고 있는 것은 아닐까. 우리는 그들의 행위나 사고에서 사람을 어리둥절하게 만드는 움직임에는 좀처럼 따라갈 수가 없다. 한편 그들 쪽에도 상호이해가 없는데 대해 상당한 책임이 있다. 아무것도 아닌데도 금방 반항하고, 사람을 믿으려는 마음이 없고, 때로는 일부러 이해될 수 없는 자로 행세하는 일도 있다. 특히 반항의 정도가 심한 자일수록, 우리에게 엄격한 요구를 한다. 초등학생처럼 그저 선생님에게만 의존하는 일은 하지 않게 된다. 그들이 바라는 것은 필요할 때에는 꾸짖고, 난처할 때에는 의지가 되어줄 만큼 포용력이 있는 사람이다. 이 시기만큼 우정의 요소를 지닌 교육이 필요한 적은 없을 것이다. 그러나 그들이 바라는 이러한 새로운 태도가 생기기 위해서는 교사와 학생사이, 오랜 기간을 걸친 관계가 전제되어야 한다. 그러나 학습편에서 보면 반대로 1주간에 고작 몇 시간 밖에 접촉하지 않는 전공 교사만을 점점 더 필요로 하게 된다. 그러므로 이 시기의 학생들은 지도의 중심이 되는 교사가 필요하다는 견해를 의심할 여지가 없다. 이와 같은 교사야말로 젊은 인격의 형성에 대하여, 보다 효과적으로 영향을 미치는 일이 가능하고, 또 그럼으로써 어느 정도는 교육이 분산되는 데서 생기는 곤란한 결과를 막을 수도 있다.

이 시기 동안에 다양한 성격이 형성된다는 점에 또 하나의 어려움이 생긴다. 우리는 교육을 차츰 개인이 갖고 있는 여러 가지 성질에 맞추어가지 않으면 안 된다. 충동적인 사람, 몽상가, 정열가, 냉정한 사람 등을 똑같이 취급한다는 것은 무리이다. 그래서 성격학적인 이론정보에서 도움을 받는 참고가 필요하다. 우선 개개의 학생이 어떤 유형에 속하는지를 이해하도록 노력하는 일이다. 유형학의 연구가 반세기 전부터, 선택하기 어려울 정도로 다양한 방법으로 개인을 분류해 왔다. 그러나 성격분류법의 선택보다도, 대상이 되어 있는 개인이 어떤 그룹에 속하는지를 알아내는 일이 훨씬 더 어렵다고 할 수 있다. 둘째로 할 일은, 아무래도 도식적으로 되어 버리는 유형분류에 머물지 말고, 학생 개개인이 지닌 그 고유의 성격을 잘 아는 일이다. 실제로, 하이만스와 르네르센의 성격을 신경질적이라든가 화를 잘 내는 성질 등 8종으로 나누든지, 또는 정신병리학의 영향을 받아 분열기질, 히스테리기질, 뇌전증(腦電症) 등으로 대립시키는 체질적 분류에서 출발하든지 간에, 우리는 언제나 이들 유형은 개성에 대한 단순한 접근수단에 불과하다고 생각하여야 한다. 교육적 작용을 다양한 성격 현실에 맞추어가는 일이야말로 교육에 있어 중요한 관심사가 되는 것이다. 프랑스의 현 집단 교육체제가 이 개개의 학생성격에 적합한 방법을 도출해 낼 수 있는 교육방법에는 이르지 못하고 있다.

이 단계에서는 교육의 다양한 측면의 단층적 관계가 역전하게 된다. 가장 중요한 것은 벌써 지적 교육은 아니고 성격의 형성, 더 정확히 말하면 자아의 형성이다. 우리에게는 새로 태어난 그 자아 확립에의 움직임이 무엇보다도 중요하다고 생각된다. 그러나 프랑스의 현재 관행을 본다면 사람들이 그렇게 생각지 않는 듯하다. 공부를 계속하는 청년에게, 또는 적어도 그들의 가족이나 교사에게는 머리의 교육, 더 속되게 말하면 시험공부만이 중요한 전부이다. 또 이때쯤부터 직업 견습에 들어가는 자에게는 아주 직업교육으로 머리가 가득 차 있다. 아마도 사람들은 성격을 교육하는 일의 필요성을 인정하고는 있겠지만 그 일이 좋든 안 좋든 자연히 자기들 밖에서 실현해 가도록 방치해 두고 있는 셈이다.

현재의 교육기관에서는, 청년의 지적 교육에는 지나치다 할 정도의 배려가 되고 있으나 성격교육을 위한 노력은 너무나 보잘 것 없고 분산적이다. 이 양쪽을 비교해보면, 심리학은 사춘기 교육학에 대하여는 그것이 염소발아이 단계에 미친 것과 같은 영향력을 미치기에는 상당한 거리가 있다고 생각하지 않을 수 없다. 어린이가 성장함에 따라서, 심리학의 영향범위는 점점 축소되어 마침내는 없어지게 되는 듯하다.

이러한 문제가 있으므로, 젊은이의 성장이 가져오는 모든 새로운 가능성을 이용하여, 그들을 조화있게 기르고자 하는 의욕이 강하게 일게 된다. 교육이 개인 속에서 발견하는 기반도 선행의 단계와 같지는 않다. 사춘기의 학생은 변화나 새로움이나 지금까지는 없었던 것을 좋아하는 법이므로 이제는 습관이라는 전능의 힘을 믿을 수가 없다. 공정한 규칙 역시 그 가치를 잃고, 열광적인 동기를 찾기에 열중하고 정동면에서 우세한 요소는 언제까지나 가정적인 감정은 아니고, 더 잦은 역할을 하는 것은 흔히 바깥사람, 예를 들면 선생에 대한 우정 같은 것이다. 또 가정뿐 아니라 학교도 벌써 청년의 필요에 응하기에는 충분히 않다. 그는 무엇에나 흥미를 보여주지만 그것은 우리 편에서 보면 그저 주의산만에 불과한 경우가 많다. 다른 편으로 그 아주 엉뚱한 기호가 그것이 교육과정에는 무관한 것이라도 학생의 인간형성에 도움이 되는 수도 있다. 젊은이는 또 아이들 집단의 공동생활과는 다른 젊은이들끼리의 공동생활 하기를 좋아하며, 이 청년의 공동체야말로 개인의 인격에 깊은 영향을 미칠 수 있는 생활환경이다. 초등학생의 생활 속에서 중요하게 작용했던 경쟁심은 자의식획득에 관하여는 새로운 태도, 즉 자기와의 싸움의 한 형태였다. 즉 타인과의 비교 대신에 자기 자신과의 비교가 나타난다. 자기 자신의 발전에 관한 관심이 깊어지고 나약한 자기와의 싸움, 자기 눈으로 보는 자기향상을 추구하게 된다. 한편 활동면에서도 현재에 동화하기를 그치고, 미래에 향하는 것으로서 장기적 계획을 만들어낸다. 즉, 현실적이고 직접적인 흥미는 이상의 동경이 싹트는 방향으로 변화되어 간다.

이러한 변화는 감수성이나 상상력이 풍부한 움직임과 연결되어 있다. 그러나 이것은 또 개인적인 의욕의 발달을 나타내는 것이기도 하다. 이 개인적인 의욕, 아직 취약하고 무의식적인 데도 있고 모순이 생기는 일도 있는 이 욕구야말로 젊은이의 인간형성에 새로운 기초를 제공한다. 이것을 돕고, 단련시킴으로써, 조금씩 활동적인 의지로 변화시켜 가는 일이야말로 필요한 것이 아닐까?

여기에서 우리가 고찰해 온 발달교육에서의 결정적인 전환점이 있다. 왜냐하면, 아무리 나약하게 보여도, 또 최초에 나타나는 투기가 아무리 쩨쩨하고 엉뚱하더라도 이 새로운 비약이야말로 젊은이의 인격 확립을 가능케 하기 때문이다.

우리는 성장의 과정에서 연출되는 하나의 드라마에 마주 서 있다. 사춘기란 인간이 그 노력이 제대로 경주되면 많은 성인이 성공적으로 안주하고 있는 평범한 수준이상으로 자기를 높이는 일이 가능해지는 시기이다. 그런데 바로 그 때에, 사회는 어떤 일을 주기 위한 준비과정으로서 무거운 중압감을 주게 된다. 그 일이 그에게 현실적 동기를 부여하든 또는 귀찮은 것이어도 상관없다. 그리고 교육전체가 그 목적을 위해 조직되어 있다. 청년기 고유의 잠재적 특질을 고려하거나 연마되지 않은 채로 방치할 위험을 무릅쓰고 그렇게 하고 있다. 그러나 이러한 교육은 실리적 훈련에 불과하며, 발달적 교육의 그림에 불과하다. 발달적 교육이란 바로 학생 속에, 잠재하고 있는 책임 있는 인간으로서의 풍부한 전면적 개발을 도와 주려고 결심하고 있는 교육으로서 존재해야 하는 과업을 말한다.

3

신체교육, 성교육, 그리고 특히 도덕교육은 사춘기 자아형성에 크게 기여한다.

눈부신 성장 때문에 넓은 의미에서 신체위생이 점점 더 중요하게 된다. 우선 먼저 배려할 것은 신체의 가속적 성장을 보충해 주는 영양과 양적으로도 풍부한 음식을 공급하는 일이며, 야위거나 과로하게 되는 결과가 오지 않도록 예방하는 일이다. 둘째 배려는 성장에서 오는 장애를 감시하면서 그 커가는 힘을 자꾸자꾸 사용하는 일이다. 사춘기는 바로 말하면 스포츠의 시기는 아니고, 오히려 전스포츠 시기라고 할 수 있다.

사실 사춘기 변화 때문에 성교육이 필요하게 되는데, 이것은 아직 가정에서나 학교에서나 본래 차지해야 할 위치와는 거리가 먼 상태에 있다. 부모는 대개의 경우, 그들의 임무에서 도피하려고 하고 선생들은 들리지 않는 척한다. 그러나 성교육은 교육의 종합적인 일의 일부라고 하는 견해가 넓게 인식되어야 한다. 성교육의 어려움이라고 여겨지고 있는 것의 대부분은 우리가 성을 별세계의 것으로 치고 금기시하지 말고 인간의 다른 활동과 같은 차원에 두도록 하면 점차 해소된다. 성에 관한 생활은 청년들의 행동의 가장 다양한 영역에 있어서, 그 영향력을 미치고 있는 것이므로, 그것을 격리시키면 강박관념이나 사춘기형 공포증을 조장할 위험이 있다.

이미 보았듯이, 아이들에게도 그것을 무시하면 중대한 지장을 가져오지 말란 법이 없는 전성기적인 성적 활동이 있었다. 그러나 사춘기는 새로운 문제를 제기한다. 교사의 역할이 이제는 2중의 것이 된다. 즉 청년을 놀라게 하거나 흔히 불안하게 하는 이 변화에 관하여, 그들에게 정보를 주지 않으면 안 되고 또 생겨난 성적 본능의 흔히 있을 수 있는 편향을 예방하거나 교정하지 않으면 안 된다. 실제로, 성적인 무지와 초조가 이 성장단계에 있는 두 가지의 큰 위험이다.

정보를 주는 일은 초등학교 단계에서 시작되고 있으나 발모기가 되면 훨씬 중대한 일이 되고, 동시에 새로운 형태를 취하게 된다. 이 시기 동안에는 많은 학생에게 어색한 집단적 대화는 체념하고, 개인적 대화에 의지하는 것이 바람직하다. 12세 경에는 소년이든 소녀든 가까워진 그들의 사춘기 변화에 관하여 가르침을 받지 않으면 안 된다. 이 의무는 부모가 다해야 하는 것이지만, 만일 그것이 될 가망이 없어 보일 때에는 부모로부터 위임된 자가 해야 된다. 딸의 생리에 관하여 교육하는 것은 어머니이다. 뚜렷하게 가르침을 받는 일 없이, 초경의 일반적 연령에 달하는 여아가 하나도 없게 되는 것이 중요하다. 그렇게 되면 놀라서 어쩔 줄을 몰라 하거나 수치의 감정을 품거나 하는 일 없이, 그것이 극히 자연스런 일이라고 알고, 생리기간 중에 필요한 주의에 관하여도 지식을 갖게 될 것이다. 그것은 또 모성이란 무엇인가를 간결하게 설명하고, 모성의 아름다움을 강조할 기회이기도 하다. 아버지도 아들과 유사한 대화를 하여 아이가 때때로 생길 수 있는 발기나 갑자기 찾아오는 몽정현상을 걱정하지 않도록 해주지 않으면 안 된다. 이와 같이 하여 젊은이들의 사고 속에서 성적인 생활과 가정의 생활을 연결시켜 주면 신체에 관한 영역과 다른 생활 영역 간에 생기기 쉬운 위험한 부조화를 피할 수 있을 것이다. 학생에게 전해야 할 것은 육체의 경멸이 아니라, 그의 인격에 기본적 요소로서 자기육체에 대한 존중이 절대적이라는 것을 가르치는 일이다.

동시에 이 시기의 젊은이들 특히 소녀들에게 대해서는 "나쁜 습관", 특히 수음, 즉 사춘기에 거의 일반적으로 볼 수 있는 자애에 대하여 조심하도록 할 필요가 있다. 그것이 언제까지나 연장될 때에는 정신질환의 징후도 될 수 있으나, 청년초기에는 간단히 고쳐지는 극히 평범한 행동의 하나에 불과하다. 다만 교사가 학생의 신뢰를 획득하도록 유의하고, 학생 마음에 죄악감을 불러일으키지 않도록 세심한 주의를 하고, 또 싹튼 욕망을 진정시키거나 방향을 돌릴 수 있는 건전한 활동을 준비해준다는 조건이 붙는다. 소화가 잘 되는 음식, 눈을 뜨면 곧 일어나는 습관, 빈번한 샤워와 목욕, 신체적 훈련 등을 충고 또는 도덕적 설교보다, 여기서는 훨씬 효과가 크다.

사춘기 동안에 생식론, 인간에 있어서의 생식현상의 설명에 손을 댈 수가 있다. 경험이 가르치는 바에 의하면, 시기 적절히 계획하고, 솜씨 있게 진행시킨다면, 이런류의 대화는 젊은이를 동요시키지 않고 완전히 성립될 수 있는 것이다. 성교육은 젊은이의 불안한 호기심을 지나치게 자극할 뿐이라는 반론에는 근거가 없어 보인다. 만일 특히 우리의 서투른 솜씨의 결과로 위험을 무릅쓰는 일이 되더라도 그것은 불충분하게 이해하는 독서 또는 연장의 친구나 조숙한 친구와의 대화 등의 우연한 가르침에 맡겨두고 있는 것보다는 훨씬 바람직하다.

사춘기의 자아형성상 가장 어려운 부분이 되는 것은 성교육이 아니라 도덕의 교육이다.

지금까지는 도덕적 생활이라고 해도 외부로부터 과해진 사회적 습관의 부속물로 아이들 자신이 받아들인 규칙의 표현에 불과했다. 아마도 초등학생에 대한 도덕적 방향을 연장만 하여도, 정의와 연대에 의한 행동의 조정이 훌륭히 되어 있는 인간으로 기르는 일은 가능하다. 그러나 그것으로는 도덕성 발달의 궤도에서 도중에 멎는 것이 될 것이며, 청년기 고유의 도덕적 향상의 원천을 방치하는 일이 될 것이다.

이 새로운 가능성을 하나의 정규로 정의한다고 하면 그것은 베르그송이 '도덕과 종교의 두 가지 원천' 속에서 닫힌도덕에 대비시킨 '열린 도덕'에 도식이 극히 잘 대응된다고 할 수 있을 것이다. 즉 이 새로운 가능성은 사회적 도덕이 아니라 개인적 도덕을, 또 이 개인적 도덕은 이미 형성된 도덕이 아니라 이상의 도덕을 대표하는 것이다.

선으로 비약을 가능하게 하는 기본적 사상은, 사춘기에 시작되어 청년기를 통하여 발달해 가는 자기 확립의 움직임이다. 그것이 나타나는 방식은 개인에 따라 다르며, 때로는 다소 격렬한 독창성의 위기로 나타난다. 거기서는 주위에 반항하는 것으로 자기의식을 획득하는 것이며, 현대에 와서는 그 소란스러운 현시를 흔히 볼 수 있다. 또 때로는, 보다 한결 같은 안정된 발달에 의해 표시되는 경우도 있다. 그러나 어떻든 간에 청년이란 것은 언제나 자기 독자의 생활을 지향하고 있는 법이다. 그들은 자기 나름대로 행동할 자유를 구한다. 자기의 가치에 관하여 부푼 감정을 지니고 있으며 이 감정에 따라 자기들의 행위를 조정하고 있다. 따라서 그들에게는 처신을 잘하는 것이 자기를 주장하고, 자기 눈으로 봐서 성장했다고 생각하기 위한 하나의 수단이다. 이 자기도덕은 또 감정의 도덕이기도 하다. 즉 이것은 선에 대한 사랑에서 오는 것이다. 감정은 청년기에 주도적인 기능이라고 생각해 온 터이므로, 그것도 아주 놀랄 일은 아닐 것이다. 사춘기 동안에는 그것은 아직, 높은 차원의 관대한 무사무욕의 생활에 대한 동경(憧憬)에 불과하나, 이 선을 생각하는 기분은 곧 다음단계에 가서 선으로 열렬한 찬미로 바뀌게 되는 것인데, 바로 이것이 가치의 도덕이다. 이것은 청년의 눈으로 보아 큰 가치를 지닌 몇 가지 행위의 형태(헌신, 성실성, 동정, 영웅적 행위 등)의 주위에 조직되는 법이다. 그러나 사춘기 동안 도덕적 가치는 원리·원칙에 귀착하는 것이 아니라 젊은이들이 닮기를 원하는 모델인 사람들에 동일시되어 있다. 그들은 모범이 되는 생애 속에 자기도 느끼고 있는 이상의 완전한 형태를 발견하는 것이다. 교사는 이 때가 오면 학생에게 베르그송이 이야기한 그러한 성자나 영웅이 부르는 소리를 듣게 할 수도 있다. 종교적인 성향을 지닌 자들에게는, 성자가 부르는 소리는 바로 신의 소리이며, 기독교도인 청년에게는 그리스도의 생애는 더없는 표양이다.

그들의 도덕적 생활의 기반은 벌써 규칙은 아니지만 아직 의무도 아니다. 그것은 아마도 '스스로에게 과하는' 요구라고도 할 수 있는 것일 것이다. 젊은이는 극복해야 하는 어려움을 좋아한다. 평범한 것이나 타협을 싫어한다. 그들의 마음을 끄는 것은 비상한 노력을 요하는 일이다. 자기들 행위를 비판으로 몰아세우는 불안한 기분, 욕망에 저항하려고 노력하는 의지, 훌륭히 행동했을 때에 자랑스러운 만족감을 품게 해주는 자부의 감정, 바로 이런 것들에 그의 마음속의 도덕적 요구를 굳세게 하기 위한 근거가 되는 많은 요소가 있다.

미덕은 이미 초등학생처럼 정의를 중심으로 해서가 아니라 명예의 감정을 중심으로 하여 정리된다. 존 로크는 명예를 도덕교육 전체의 원칙으로 한 점에서는 아마도 잘못이 없겠으나 이 설이 예를 들면 듀르켐의 사회적 도덕보다도 훨씬 이 단계의 필요에 부합되어 있음을 인정해야 한다. 비겁한 처신, 불성실한 행위, 이기적인 타산 등은, 추하고 경멸해야 할 것으로 간주되고, 용기, 약속의 존중, 헌신 등은 감탄 받을 만한 것이 된다. 이와 같은 전망 속에서는 선은 미에, 윤리적인 것은 미적인 것에 긴밀히 연결되어 있다. 이 불분명함이나 혼돈이 사춘기의 또 하나의 특징이라고 해도 좋을 것이다. 점잔 빼는 동작, 용감한 태도, 자랑스레 뇌까리는 명문구가, 15세의 소년에게는 일종의 도덕적 완성을 나타내고 있는 것이다. 어른으로서도 이것을 웃음으로만 여길 수 없을 것이다. 이런 것은 도덕성의 일정 단계에 대응하는 것이기 때문이다.

청년기에 접어든다는 것은, 자동적으로 또 일반적으로 선으로 접근이 시작되는 것으로 생각해서는 안 된다. 도덕교육은 지금까지 말해 온 새로운 가능성을 지니게 된 한편 새로운 곤란에도 직면한다. 우선 잘 알려진 사춘기의 결점은 거만, 냉소적인 태도, 버릇없는 태도 따위가 있다. 이런 것은 그들 나름의 자기 확립의 방법이며 이것과 싸우거나, 또는 오히려 명예의 감정에 호소하여 이런 것에 반격하는 일은 흔히 있으면서도 어려운 일이다. 그리고 자기 독자의 도덕이 가능해질 때에는 본능이나 욕망에 밀려서 부도덕 행위도 가능해지는 시기이며, 특히 주위에 악조건이 있을 때에는 더욱 그렇다는 것을 잊지 않도록 하여야 한다. 만일 이 위험을 과소평가 하다가는, 젊은이들의 비행에 의해 그것을 호되게 깨닫는 처지에 빠지게 된다.

개인적 도덕에의 눈뜸은, 그 자체로서 위험이 없는 것은 아니다. 첫째 위험은 몽상적 도덕인데, 이것은 행동으로 시행되는 대신 망상의 상태에 머무는 도덕이다. 이것은 동경의 대상인 모델이 보다 완전할수록, 즉 그것이 자기와 동떨어지면 동떨어진 것일수록 위험하다. 그러므로 교사는 학생이 선행을 할 기회를 자꾸만 늘리도록 하여야 한다. 보이 스카우트의 나날의 선행은 흔히 모두에게 놀림을 받는 것이지만, 젊은 이상주의자를 막연한 몽상에 미혹되지 않도록 하기 위한 우수한 처방이라고 할 수 있다. 또 장려해야 할 도덕적 비약과 청년들이 실제로 가지고 있는 수단과의 균형을 이루는 일이 필요하다. 양쪽의 불균형은 이 연령의 특징이므로, 그것을 조장한다는 것은 위험한 환상을 품게 하는 것이 되고, 그것은 다시 위험한 실망으로 이어질 것이다. 15세에서는 비록 원하는 경우라도 과대한 책임을 지면 반드시 짓눌리거나 깊은 상처를 입게 된다.

다른 위험은 순수하게 주관적인 도덕에서 오는 위험인데, 이것은 자기 자신의 이미지의 응시에 이르고 만다. 많은 젊은이가 때로는, 나르시스 즘의 경향을 지니지만, 그 전부가 자기발견에 따르는 불안이나 사춘기의 자애 형태로만 나타난다고는 할 수 없다. 게다가 케르비노 시기 뒤에, 나르시스 시기가 오는 일도 있을 수 있다. 그러나 교육의 하나는 환경에의 부적응, 자신에서 일어나는 굴곡, 고독, 욕구 등이 심해져서, 젊은이들이 자기 이상의 편중에 열중하지 않도록 주의시키는 일이다. 따라서 거만한 자기주장의 행동에 균형이 잡히게 하는 사회생활을 촉구하는 것이 반드시 필요하다. 우리는 이것을 위한 하나의 강력한 수단을 가지고 있다. 즉 청년기의 우정을 통하여 표현되는 공감의 감정이나, 청년의 그룹 활동 등이 그것이다. 공동체형의 사회적 교육이 사춘기 교육 속에서 어떤 위치를 차지하게 되는지도 알 수 있게 된다. 그것은 초등학생의 경우처럼 교육의 중심적 요소는 아니며, 자아형성을 위한 그저 귀중한 보조수단, 그리고 결국은 방비책과 같은 것이 될 것이다.

이처럼 제한되고, 균형을 고려한 것일지라도, 이 교육프로그램은 너무 많은 것을 바란다고 하는 사람도 있을 것이다. 이 프로그램이 요구하는 노력이 어느 학생에게나 동일하게 가능하다고 할 수 없다는 것도 사실이다. 지적으로 둔한 학생은 아직

도 규칙을 필요로 하고 있으며, 두려워 할 권위조차 필요할 수
도 있다. 또 사춘기에는 자기 확립의 행동이 시작될 뿐이고, 다
음 단계가 되어야 비로소 모든 것이 결실을 맺는다는 것도 잊
어서는 안 된다. 그러나 이 시기부터 개인적인 가치의 감정에
호소하는 제3아동기보다 더 무욕(無慾)한 동기에 호소하는 일
도 많으므로, 그것만으로도 우리가 지금까지 표시해 온 방향에
서의 성격교육의 지도 방침은 정당화될 것이다.

4

✦

   사춘기의 지적 교육에는 이중목적이 있다. 즉 개념적 사고의 발달을 돕는 일과 학생의 능력에 상응하는 교육의 방향부여를 시작하는 일이다. 따라서 우리의 연구도 젊은이 전체에 해당되는 일반적인 부분과 학업을 계속하는 학생, 실습을 시작하는 사람, 농업으로 나아가는 사람을 따로 따로 부르는 부분을 포함하고 있다.

   이미 보아온 바와 같이, 사춘기 감정의 폭풍에도 불구하고 사고는 발달을 계속한다. 다소 속도는 느려지지만 지적 수준은 더 상승하며, 그뿐 아니라 개인의 능력이 각각 명확해지고, 추리력이 증가하고, 반성 능력이 자라고, 내적인 분석도 눈뜬다. 15세 경에는 관념적 단계는 일반적 이념 또는 개념의 단계로 바뀐다. 이 사고에는 아직 어느 정도 주관적인 데가 있어서, 젊은 청년은 언제나 자기 자신에 비추어 보아 자기를 둘러싸는 현실을 보려고 하는 법이다. 그의 판단은 공평무사하지는 않다. 토론을 할 때에는 역설을 좋아한다. 그의 정신구조는 어린이의 자기중심성과 어른의 이상적 객관성 사이의 중간단계를 보여주는 법인데, 이것은 교육에 있어서나 심리학에 있어서나 흔히 무시되고 있는 것이다.

이 시기가 되면, 초등학생 단계에서 구축되어온 관념을 보충하기 위하여 새로 두 가지 관념이 등장하게 된다. 즉 법칙의 관념과 환경의 관념이 그것이다. 이런 것의 습득은 초등학생 시절에 막 시작됐을 뿐이며, 그 이후 교사의 전면적인 배려를 필요로 하게 된다.

과학적 법칙의 관념은 귀납적 추리를 함으로써 성립된다. 이것은 현상간의 관계를 항시적이고도 측정 가능한 요소로 환원하거나 결정론의 개념을 도입함으로써, 인과적 사고의 발달을 완성시켜 간다. 또 그렇게 함으로써 청년의 외계표상을 통일하는 일에 기여한다. 인과의 관념과 마찬가지로 법칙의 관념 이해를 조장시켜 주는 것은 물론 실험 과학의 교육이다. 따라서 14세경부터는 이러한 교육이 커다란 위치를 차지하는 것이 필요하다.

환경의 관념은 더 복잡하며 그것을 완전한 것으로 해 가는 데
는 긴 시간을 요한다. 환경이란 생물과 그것을 둘러 싼 주위의,
중심과 주변의, 상호관계에 의하여 정의할 수 있다. 따라서 이
것은 관계의 체계라 할 수 있다. 즉 주위가 개체에 작용하여,
그 생활에 조건을 부여하는 일방, 개체는 주위에 작용을 미쳐
서 그것을 변용시키는 일에 기여한다. 이 상호작용의 기능이야
말로 생물이 적응하는 일인 것이다.

어린이들에 의한 환경관념의 획득은, 유기체와 그 주위를 연
결하고 있는 관계의 다양성 때문에 이미 어려운 일이 되어 있
는데, 다시 이러한 관계가 다른 하나관념, 예를 들면 인과관계
의 관념 경우와 같은 전형적인 관계로 한정되지 않는다는 사실
에서 어려움의 정도는 훨씬 더 커진다. 특히 거리나 가정 등 인
간 환경의 경우는, 모든 종류의 작용, 활동, 사건, 정황에 의해
인과의 작용이 수정되게 된다. 그러므로 이러한 세밀한 관계를
해명하는 일은 오랜 기간에 걸치는 작업이 된다. 오늘날 초등
학교에서 크게 유행하고 있는 "환경의 학습"은 그 최초의 단계
에 불과하다. 정확한 관찰에 의한 감각의 교육을 조장시키면
서, 이 학습에서는 환경이 생물에 미치는 다양한 영향이라는
관념을 아이에게 시사하는 정도이다. 사춘기가 되면 유기체에

관한 보다 완전한 관념을 부여하는 일이나, 생물이 그 주위에 대하여 행하고 있는 활동에 관하여 배우는 일이 가능해진다. 끝으로 다음단계에 이르러서 비로소 학생은 개체와 그것을 둘러싼 사이의 이 이중적 관계 작용이나 상호관련이나 그 결과를 보다 명확하게 파악할 수 있게 될 것이다. 이때가 되어야 비로소 환경의 관념이 완전히 형성되게 된다. 그것의 형성에 있어서는 우선 자연과학 즉 식물학, 생물학, 지리학이 도움이 되고, 이어서 심리학, 사회학, 역사학과 같은 인간과학이 유효하다. 환경 관념의 중요성은 크다. 실은 그것은 과학발달의 과정에서 최근에 와서 나타난 것인데, 오늘날에는 시간이나 수의 인과 관념과 꼭 같이, 올바로 사고하기 위하여 필요한 관념이라고 생각된다. 왜냐하면 인간이 살고 있는 세계에 스스로의 위치를 정하는 일을 가능케 하는 것은 이 관념이기 때문이다.

청년의 모든 지적 교육은 이상과 같은 하나의 공통의 기초에 입각하여야 한다. 그러나 사춘기가 가까워지면, 학생의 진학지도의 문제가 생기게 된다. 아직 그것은 최초의 방향설정에 불과하고, 확정을 보게 되는 것은 더 뒤의 일이므로, 공부 도중에라도 진로변경이 가능하도록 융통성을 유지하여야 한다. 여기서부터 의무교육과정의 수년간에 걸치는 관찰 과정과 진로지도 과정이 매우 중요하다는 이야기가 되는데, 이 개혁에 대하여 프랑스에서는 로저 갈이 노년에 수년간 많은 노력을 아끼지 않았다.

사실 12~14세의 어린이의 능력에 관하여 심리학적 검사에서 얻어지는 정보는, 어린이의 진로를 확실히 정하기에는 불충분하다. 그러나 심리테스트나 학습 성적을 이용하면, 제3아동기 말경에는 학업을 오래 계속하기에는 적합지 않다고 생각되는 학생, 직업적 학습에 적합한 학생을 가늠하는 일은 일반적으로 그리 어렵지 않게 할 수가 있다. 그래서 본서에서도 앞으로는 공부를 계속하는 청년의 문제와 직업 견습에 들어가는 청년의 문제를 차례로 검토해 가기로 한다.

선행단계 동안 교육은 모든 학생에 대하여 공통이었다. 그러나 사춘기가 되면 학교에서 배우는 청년에게는 형성되어 가고 있는 능력의 활동을 위해 학습에도 몇 개의 유형이 있는 것이 바람직하게 된다. 그것은 각각 주요 교과에 따라서 이루어져 있는데, 예를 들면 라틴어, 그리스어를 기초로 하는 고전적 교육, 언어나 과학의 교육을 기초로 하는 현대적 교육, 작업실의 학습을 거점으로 하는 기술적 교육이 있다. 또 공통이면서도 항구적인 두 가지 교육 문학과 수학의 교육은 모든 유형의 교육에 필요하다고 생각된다. 이것들을 배분하는 방법은 물론 교육의 코스에 따라 달라지지만, 이것들은 모두 사춘기의 모든 교육과정 속에서 일정한 위치를 차지하여야 한다. 사실 현대사회에 있어서는 누구나 기초가 튼튼한 수학 교육을 받는 일을 필요로 하고 있다. 그러나 그와 동시에 문학교육을 받지 않았다고 하면 그는 문명 속의 모든 인간적인 것에 무연인 상태로 남을 것이다.

따라서 각 학습의 유형은, 주요 교과 하나와 공통 교과 둘을 포함하여, 다른 교과는 필연적으로 부차적인 것으로 파악된다. 이 조건하에서만 고전적 교육, 현대적 교육, 기술적 교육이라는 정리된 단위가 지켜질 수 있다. 사실 현행교육의 약점의 하나는 각 교과가 각각 학생의 교양에 중추적 역할이 되고 싶어한다는 점이다. 어떤 면에서는 정당한 주장이라고 할 수 있다. 어떤 학습도 깊이 탐구하면 형식적인 힘을 지니게 되는 법이다. 예를 들면 역사나 자연과학 또는 지리를 주축으로 하는 교육도 충분히 생각할 수가 있다. 그러므로 청년기 단계에서, 전문이 뚜렷해졌을 때는 거기에 보탬이 되도록, 더 많은 코스를 만들 수가 있다. 그러나 (중등단계의) 각 코스에서는 교육은 한 사람의 학생에게 다섯 개나 여섯 개씩 경합적 관계에 있는 문화(교육)를 강요하지 말고, 반드시 하나의 문화를 규정하는 주요 교과와 관련시켜서 조직되어야 한다. 하나의 코스에서 가르칠 수 있는 여러 가지 교과 사이에 충분한 계층관계(구조화)가 이루어져 있지 않으면 결국은 다루기 힘들고 유해한, (복수문화의) 동시재배가 되고 말 것이다. 그것은 교육의 종합을 저해하는 것이며, 과밀한 교육과정과 학생에게 과중한 공부의 짐을 지운 책임의 절반이 거기에 있다.

몇 살에 그만두더라도 그동안, 기술교육학교가 초등학교의 연장은 아니라는 것, 하물며 소형의 기술고교는 아니라는 것을 잊어서는 안 된다. 거기에 다니고 있는 학생은 그 변변치 못한 학교에서 어떻게든 빨리 떠나고 싶어 하는 경향이 있었다. 초등교육의 방법이나 훈련은 그들 성미에 맞는 것도 아니고 나이에도 안 맞는다. 그런데, 이 학교의 교사로서 우선 요청된 것은 작업실에서의 교육에 관한 경우, 대개는 교육경험이 별로 없는 노동자 출신이었고, 일반교육에 관하여는, 초등학교 학생과 친숙하고, 잘 하든 못하든 아이들에게 맞는 교육내용이나 방법을 청년의 환경에까지 연장시키려고 하는 초등학교 교사 출신이었다. 그러므로 젊은 직업견습생 고유의 심성과 그들의 장래의 생활양식을 동시에 고려한 하나의 교육학이 만들어져야만 했었다. 또 직업교육센터의 증가에 이어서, 속성교육이나 단기연수가 행해진 시기 후에, 직업교육을 위한 사범학교에서 일관된 교원양성을 계획했어야 했던 것이다.

직업견습생도 역시 면학을 계속하는 자와 마찬가지로 문화를 향유하여야 마땅하다. 우리는 직업에서 출발한 인간형성을 이야기할 수가 있다. 물론 그 직업을 하나의 기술로 환원시켜 버리지 말고, 거기에 살아가는 원칙을 발견하고, 또 그것을 젊은이 고유의 문화 활동에 결합시킨다는 조건은 붙는다. 왜냐하면 우리가 잘 알고, 또 사랑하고 있는 일이면 무엇이나, 손을 쓰는 일도 라틴어나 수학과 마찬가지로, 교양을 위한 수단이 되기 때문이다. 이 점은 장인계급 사람들에 의해 몇 세기 전부터 증명되고 있다. 그러나 반대로 대기업이나 거기의 기계가 노동자를 비인간화할 위험도 있다. 이 위험과 싸우기 위해서는 노동조건의 개선을 목표로 하여 산업 환경 그 자체에 손을 대는 것만으로는 충분치 않으며 직업견습생들에게 올바른 문화의 교양을 지켜주는 일도 필요하다.

최근 상당한 노력이 기울여졌음에도 불구하고, 공업적 직업교육의 다양한 문제에 대하여는 아직 만족스런 해결의 발견은 요원한 상태이지만, 어떻든 그 점에 관하여는 적극적인 활동이 계속되고 있다. 농업교육은 아직 그렇게 광범위한 변화는 보여주고 있지 않다. 전원에서 살고, 흙일에 종사하려고 생각하고 있는 청년은 학문을 계속하는 사람이다. 공업견습생과는 매우 다른 상황에 있다. 그들의 직업교육은 아직 매우 가족적 환경에서 행하여지고 있으며, 학교졸업 후의 교육은, 매우 좋은 조건하에서 행하여지고 있는 경우라도, 해결법으로서는 불충분하다. 농업교육은 농촌청년의 일부분 밖에 미치지 못하고 있다. 이 젊은이들에 대하여는 본래의 농부들을 위한 현대적 교육과 현대의 생활환경에 대한 보다 나은 적응을 보장하는 직업교육센터를 증설해주는 것이 필요하다. 공업견습생교육의 조직화와 동등하게 중요한 이 긴급한 과제에는, 여러 해 동안 걸치는 꾸준한 노력이 필요하다.

5

공부를 계속하는 사람이든, 직업견습생이든, 사춘기는 교사의 눈으로 보면 '성숙이 아직 덜 끝난 귀찮은 연령층' 이다. 흔히 적용되는 '위기' 라는 말은 언제나 타당하다고는 할 수 없으나 이 시기에 얼마나 적응곤란의 수와 종류가 많은가는 의료・교육심리센터에서 일해보기만 해도 충분히 납득할 수 있다. 성장 장애에서 오는 강박관념, 변덕, 성본능으로부터 오는 불안, 유아단계에 대한 정서적 집착, 공격성, 가출, 백일몽, 진학 내지 직업진로지도의 잘못에서 오는 실패에 대한 반동행동, '검은 잠바' 나 '야한 잠바' 족의 반사회적 활동 등에서 비행에 이르기까지 이런 것은 사춘기 장애가 이러한 형태로 나타난 것에 불과하다. 여기에서 이러한 혼란상태를 예방하고, 치료를 할 수 있는 청년기 정신위생의 필요성이 강조되게 된다. 예방을 위해서는 젊은이의 생활에서 놀이와 일의 균형을 잡아주며, 그들의 활동에 대하여 다양한 흥미나 확고한 목표를 제시해가며, 자율성의 확립을 도와주고, 이런 일들을 통하여 이해와 공감의 분위기를 조성하는 일 등을 생각할 수 있다. 치료로서는 적절한 의학적 내지 정신요법적 치료, 또는 주위사람들이 태도를 바꾸도록 노력하며, 청년을 환경의 요구에 응할 수 있도록 바꾸고, 비행을 범한 자를 재교육하는 일 등이 있다.

그러나 결코 너무 과장해서는 안 된다. 사춘기에는 흔히 심신의 부조화가 따르지만 그것이 병은 아니다. 대부분의 젊은이가 개인적 발달의 모든 영역에서 결정적인 진보를 보게 되는 이 단계를 무사히 넘겨가는 법이다. 그러나 이상을 발견하여 치료하는 일은 아무리 주의해도 지나칠 수는 없다. 그러한 이상은 대개의 경우 일과성의 것이지만 건강하고 조화된 인격의 형성을 매우 위태롭게 할 수도 있는 것이기 때문이다. 어린이 속에서 남성 또는 여성이 나타나기 시작하는 이 길목의 수년간은 교육자에게는 희망이기도 하고 또 고통이기도 하다.

제 6 장

청춘기 : 정열의 시기

1

청춘기와 사춘기는 양쪽으로 나누어져 있는 것은 아니다. 사춘기 쪽은 행동 면에서 이미 방향 지어져 있다. 그러나 특히 부정적인 움직임으로 특정 지어져 있다. 새로운 단계는 자아를 적극적으로 긍정하여 가는 단계이다. 아직 남아 있는 어린이 시대와 극히 미약한 것이긴 하지만 성년기 사이에서, 청년기 후반의 생활은 젊은 개성의 발랄한 움직임이 사방팔방으로 넘쳐나게 된다. 이 비상을 저지하지 않고 조정하여, 보다 높은 인간 특질의 향상을 젊음의 목표로 제시하는 것이 교육의 책임이다.

젊음의 팽창은 신체 면에서 뚜렷하다. 특히 남자는 힘이 급속히 강해진다. 성적이나 기록을 향상시키는 일에 대한 흥미가 경기장에서, 작업장에서, 농촌에서도 볼 수 있다. 몸의 움직임은 경기를 위한 훈련에 의해 놀랄 만한 기교에 달한다. 이 연대는 기록의 시대이다. 스포츠는 흔히 수면의 거부나 단식이나 모든 안락을 멀리하는 생활 따위, 금욕적 인내를 해내는 일과 대응하고 있으며, 이런 것은 자기 자신을 뛰어넘어, 자기의 한계를 시험하고, 자유자재로 대처하고 싶다는 욕구의 다른 일면에 불과하다.

감정의 기복은 지금까지 보다는 다소 자제하게 되지만 여전히 특징적인 상태이다. 사춘기의 강력한, 그러나 아직 혼란되어 있는 감정은 뚜렷한 대상에 대한 정열적 감정에 자리를 내주게 되지만, 상상력은 그 힘을 아직 계속 지니고 있다. 한 동안은 우정이 애정보다는 앞서는 위치를 다투고 있다. 커져가는 성적 충동은 자애에서 떠나 이성 쪽으로 향하게 된다. 그러나 욕망과 부드러움은 한 쌍의 남녀 안에서 조화를 이루게 되기 전에는 흔히 별개다. 자아는 사춘기 때보다 다양하고 무리 없는 사회적 접촉 덕분에, 새로운 평형을 구하게 된다. 심리적 이유가 끝나고, 가족과의 새로운 관계가 형성되게 된다. 이제 모든 방법을 갖고 있는 사고는 어떠한 문제 앞에서도 퇴각하는 일이 없으며, 극단의 의견 쪽으로 나아가며 원칙이나 체계에 적응한다. 많은 학생들에게 이 수년간은 형이상학의 연대이며 직업견습생에게는 이론의, 그리고 최초의 사회적 권리요구의 연대이다.

청년들은 정치적, 미적, 도덕적, 종교적 그리고 문화적인 가치에 정열을 불태운다. 이러한 가치들은 각각 다른 것과는 다른 감동의 원천이며, 각각 산 경험에 대응하고 있다. 선행단계에서처럼 모델이 되는 사람이 그 가치를 구현하는 일은 필요치 않게 된다. 보통, 그들의 상상력이 그러한 인물 모델로부터 애착의 대상이 되는 것(추상적 실체) – 스포츠, 예술, 조국, 당 등을 만들어낸다. 그런 것들이 한꺼번에 작용하여, 청년들이 행동의 방향을 잡는 데 저마다 영향력을 미치려고 서로 경쟁을 한다. 그러나 각 가치의 집단은, 슈프랑거가 지적하였듯이, 이 시기에 형성되게 되는 개개의 인격유형과 보다 밀접한 대응관계를 지니게 된다. 사춘기에 들어와서 부채꼴 모양으로 여러 가지 성격의 폭을 볼 수 있었던 것처럼, 청년기의 끝에 와서는, 제가치의 계층관계에서 규정되는 여러 가지 생활의 형태가 부채꼴 모양으로 펼쳐지게 된다. 특히 미적인 가치에 감동되어 예술적 창조를 시도하는 자가 있는가 하면, 세계를 개혁하고, 자기가 구축한 이상의 세계로 그것을 개조해 가려고 꿈꾸는 자도 있다.

그들이 걷는 길은 흔히 뜻밖의 형태로 나타나기도 한다. 재즈

광으로부터 폭력을 창출한다고 자부하는 불량소년에 이르기까지, 기타를 안은 히피족, 불량배, 인기가수의 팬, 마약상습자, 이성 결핍자 또는 망상을 품는 자, 신참을 골탕 먹이는 기합, 맹렬한 이의 제기자, 폭주족, 청바지를 입은 남자인지 여자인지 알 수 없는 자 등 여러 가지 종류에 걸친 사회 지탄의 대상이 이어져 변천하는 세상에 융합되어 왔다. 그들은 브란트의 시 '바보의 배'의 지도자라도 질리게 할 만한, 브루겔풍의 야하고 조소적인 행렬을 이루고 있으며, 거기서는 기분 좋은 열광 상태나 일시적 표면적인 기행을, 심각하도고 치료 불가능한 적응성 결여와 구별하기가 어려운 지경이다.

이와 같은 흥분 상태는 청년 각자가 다소나마 마음에 생각하고 그리고 있는 생활설계에서, 그리고 그를 둘러싼 세계나 인간을 보는 태도에서 절정에 달한다. 청년은 성급히 행동하고 무언가 큰일을 하고 싶어 한다. 영광을 구하면서 기분이 작용하는 젊은 몽상을 일구어 놓는다. 자신의 있는 힘을 다하여 운명의 정복으로 나선다.

20세가 지나면 감정이나 기분의 조절이 다소 용이해 진다. 최초의 성숙기에 접어들 때쯤에는 상대적인 침착성을 볼 수 있게 된다. 주위에 동화되고 싶은 바람이 모험에 대한 호기심을 완화시킨다. 많은 경우에 직업 활동, 이어서 가정의 창조가 언동을 안정시키게 된다. 성장은 거의 끝난다. 교육은 여기에서 아직 끝나 있지는 않더라도 적어도 성공은 하고 있어야 한다. 소쉬르 부인이 본 바와 같이 "모든 교육이 평가받는 것은 교사가 그 작용을 그쳤을 때"라고 할 수 있다.

따라서 발달의 각 단계 고유의 부분적인 성공은, 이제 교육전체의 성공에 의해 배가되지 않으면 안 된다. 교육의 도상에서 연이어 나타난 여러 가지 생활양식을 계속 통합해 와서, 이제 우리는 교육과정의 총괄이라고도 할 수 있는 시기에 당도한 것이다. 그것은 인간적 조건이 허용하는 범위에서 자유로운 젊은 개성이 꽃피게 되는 것이다.

자유라고 해도 헉슬리가 바란 것 같은 아무런 고삐도 없는 자유는 아니다. 고삐가 없는 인간이란 상상의 산물일 뿐이다. 모든 인간존재는 그 시대, 그 나라, 그 직업의 생활을 나누어가지며, 거기에 뿌리를 두고 있다. 그러나 그 힘의 일부분이 되는 이런 것들의 연계를 자기 자신의 것으로 하는 것이 중요하며, 끌려가는 연계는 타파해 나갈 수 있어야 한다. 이렇게 하여 비로소 사람은 자기생존의 환경을 조성하는 일에 기여하게 된다. 그는 행동의 대상인 동시에 행동의 주체이다. 관념적인 자율성과 조건 지어진 자동성과의 사이에 인간적 자유의 길이 있다고 할 수 있는 것이 아닐까.

청년의 인격교육에 대해서 나는 세 가지 관련된 원칙에 따라서 생각하고 싶다. 즉 그들이 실질적인 교양을 갖추도록, 청년들을 끌어당기는 가치의 힘을 이용할 것, 그들 자신의 수준을 넘어서 향상하려고 하는 기분의 고양(高揚)을 이용 할 것, 필요한 현명과 자제심을 획득하기 위해 지력이나 의지력을 배양할 것들이다.

사춘기보다도 교육은 관념적 지식에 머물지 않고 하나의 교양이 되게 된다. 즉 지식의 영역을 넓히면서도, 교사는 그것들을 관련지어주고, 특히 문명의 기초가 되어 있는 여러 가지 가치에 연결시켜 가는 데 힘을 쏟는 것이다. 달성 목표는 모든 젊은이를 가능한 한 많은 문화적 가치에 참여시키는 일이다. 그의 호기심이 부단히 바뀌고, 흥미도 다방면에 걸쳐 있는 것이 이 지도 방침을 용이하게 해준다. 그러나 청년은 각자 한 사람 한 사람이 어떤 특정의 가치 집단에 보다 큰 값어치를 인정하는 것이어서, 교육 쪽에서는 그들의 기호를 감안하여 각각 그 경우에 따라, 예를 들면 진리추구를 축으로 하여 또는 타인에 대한 사랑을 축으로 하여 교육을 조직할 수가 있어야 한다. 또 어떤 가치 특히 예술적 가치의 영역에 대하여는 전혀 이해를 못하는 학생도 있다. 그들에 대하여는 당연히 다른 대체 점을 찾아주어야 한다.

이러한 가치교육을 실현시킴에 있어서 젊은이의 감수성은 정열이라는 재산을 우리에게 제공해준다. 물론 정열을 불안정한 힘이라고 하는 사람도 있다. 그 힘이 이성을 흐리게 하여 사람을 어리석게 만드는 일이 없지 않기 때문이다. 그러나 그것이 제대로 방향이 잡혀진다면 인간향상에는 더 없는 힘이 된다. 훌륭한 작품, 위대한 진실, 고결한 사상에 대하여 젊은이를 분발하게 하는 열광적 감동은 그 자체로서는 미덕도 아니고 악덕도 아니다. 그것은 이상을 위하여 일하는 도구이다. 정열적인 태도를 위험으로 보고 멀리하는 것은 우리를 단순하고 평범한 문화학습의 영역에 머물러 있게 하고 마는 것이 될 것이다. 해야 할 일은 이 정열을 조절하여, 인간답게 하고, 보다 높은 정신적인 가치 쪽으로 인도하는 일이다. 편협한 정열이 무서운 것인 것과 마찬가지로 예를 들면 섀프츠베리가 생각하고 있었듯이, 이성에 뒷받침된 정열은 유익한 것이 될 수 있다. 모험의 극단성을 좋아하는 마음, 더 나아가서는 청춘을 특징짓는 지나침의 요소에 이르기까지 그 의미에서는 유익하게 이용할 수가 있다. 우리는 생각이 얕은 야심가에게 선동되어 야만스런 이데올로기에 봉사한 청년교육의 처참한 결과를 보여주는 최근의 사례를 떠올릴 수도 있으나 그것은 하등 정열 그 자체가 나쁘다는 것을 증명하는 것은 아니다. 그 예는 젊은이가 그들을 키울 임무를 지고 있는 사람에 의해, 또 그들에게 봉사하지는 않고 그들을 이용하려고 하는 사람에 의해 배반되었음을 보여준다. 우리는 젊은이들에게 이성에 뒷받침된 이상을 제시해야 한다. 왜냐하면 그러한 이상을 명확히 할 수 있는 것은 젊은이들뿐만 아니라, 어른인 교사도 그들의 비약을 발판으로 하여 그것을 할 수가 있기 때문이다. 물론 교사만으로는 청년의 인간형성을 완전히 보장할 수 없다는 것도 사실이다. 교사는 항상 학생자신의 자기교육에 대하여 보다 큰 위치를 부여하도록 하여야 하며, 거기에 더하여 본질적인데도 아직 충분히 알려져 있지 않은 상호교육을 발달시키는 일도 필요하다. 즉 청년운동 등에서 행하여지고 있는 것과 같은 청년들끼리의 교육과 더불어, 청년이나 아이들에 의한 성인의 교육을 발전시켜야 한다. 이것은 보다 담대하지만 이치에 맞는 생각이다. 이렇게 말하는 것도 결국 교사가 교육방침 전체에 걸쳐서 책임을 지고 있기 때문이다. 젊은 비약을, 이성이 언제나 본질적이라고 인정하는 것, 폭력이나 복종 즉 인간인격에 대한 존경으로 인도하는 것은 교사가 해야 할 의무이다.

또 필요한 경계를 게을리 하지 않는 일 역시 교사의 할 일이다. 젊은이의 무지, 성급함, 신봉하기, 방만함 등에서 언제나 생길 수 있는 잘못에 대하여 젊은이를 더 이용하려는 생각에서 그들에게 알랑거리는 덫에 대하여 그들을 어리석게 만들 수도 있는 대량의 선전에 대하여 경계하고, 젊은이 속에 재빠른 성찰, 명철한 판단, 절도의 감각을 키워가는 것이 중요하다. 그것만으로도 젊은이의 정열에 일정한 방향을 부여하고 그 효율을 높이기 위한 역할은 다하고 있다. 마찬가지로 의기소침이나 인내력의 부족에 대비하여 일상생활에서 모든 기회를 포착하여 젊은이의 의지를 단련하도록 유의하여야 하며, 냉정함이나 강인함의 보기를 보여주는 일이나, 무의미한 동요로부터 그들을 빼내는 일, 그리고 마지막으로 그들이 스스로의 한계를 아는 일에 익숙하게 하는 일이 필요하다.

2

　이 최후의 단계에서 학업과 직업훈련의 다양성에 관하여는 그 일람표를 만들어 보아도 소용이 없을 것이다. 우리가 검토해야 할 것은 여러 가지 가치가 각각 청년기의 인격을 도야해 가는 데 있어서 어떤 역할을 다하고 있는가 하는 점이다.

　우리로서는 고전적 정신가치 즉 진선미에 대한 사랑에 대응하는 가치에만 한정할 수는 없다. 왜냐하면 다른 많은 문화적 가치 － 생명가치, 정치적 가치, 경제적 가치 등도 젊은이들의 기분을 끌어당기고 있기 때문이다.

　건강, 젊음, 힘이 세다는 것 등은 그것만으로도 청년이 큰 가치로 인정하는 특질이며, 살아가는 데 있어서 다양한 가치의 일부를 이루고 있다. 이런 것은 인체의 오르가즘과 매우 관계가 깊은 것이기는 하나 역시 문화적인 의미를 지니는 것임은 부정할 수 없다. 그 중에도 스포츠는 이 연령을 특징짓는 표현 양식이며, 페어플레이의 도덕과 미학으로 하나의 생활형태를 묘출하고 있다. 그러나 생명가치는 문화의 교육전체를 지탱해 줄 수는 없다. 그러기 위해서는 기반이 너무 좁기 때문이다. 그 가치가 정신생활에 튼튼히 뒷받침되고 있지 않는 경우에는 육체숭배나 힘의 숭배를 낳을 위험도 있다.

예술에서 미에 대한 사랑이 있듯이 정치에서는 권력에 대한 사랑이 있다. 그것은 대개 젊은 여성보다는 젊은 남성을 사로잡아 그들을 공적 생활 쪽으로 내몬다. 그것은 명령하는 기쁨, 영향을 행사하는 기쁨, 또는 그저 언어나 행동으로, 하나의 집합체 속에 작용하는 권력에 참여하는 기쁨이 통하는 것이다. 여러 가지 가치의 각도에서 보면, 정치적 교육은 공민교육(그것이 아무리 완전한 것일지라도)에 국한되는 것은 아니다. 힘에 대한 욕망에 규율을 지니게 하고, 타인이나 타인의 신조에 대한 존경을 가르치고, 현대가 너무나 고분고분 만족해 버리고 있는 전횡이나 불관용에 대하여 학생에게 경계를 하도록 하는 일도 정치교육의 과제이다. 옳은 도덕가치 위에 서지 않고, 특히 공정성에 입각하지 않은 정치교양은 젊은이로 하여금 최악의 위험을 무릅쓰게 할 수도 있다. 그리고 이 공민교육은 개인

경험이라기보다는 아직 일종의 준비로서의 성격이 강하다. 그
것은 정치적 권리가 프랑스에서는 성년, 즉 18세가 되기 전에
는 주어지지 않기 때문이다. 그것은 어렵지만, 그런 만큼 필요
한 것이라 할 수 있다. 민주주의라는 것은 공민교육에 대하여
아무리 배려를 하여도 지나치지 않으며, 한편 젊은이의 정열이
나 나아가서 성인의 세계의 사사로운 정이 그 목적을 흐리게
할 위험은 언제나 안고 있기 때문이다.

　우리의 문명과 같은 산업문명 속에서는 경제적 가치의 중요
성은 강조할 필요조차 없다. 장래 예술가가 되는 청년은 극히
한정되어 있고, 누구나 자기의 필요에서, 좋든 싫든 생산의 사
이클 속으로 조만간 말려들어갈 운명에 있기 때문이다. 청년들
의 경제적 교육은 그들의 직업교육과 긴밀히 연결되어 있다.
우선 일반정보에 관한 공부와, 노동의 변화와 기술의 발달이
과학적 진보와 사회정치적 생활조건과의 관련에서 초래된 심
각한 문제를 연구하는 것이 경제 교육의 전제일 것이다. 그러
나 그와 아울러 정치적 교육의 경우와 마찬가지로 정신적 규범
에 따르는 일도 요구된다. 노동에 의하여 창출되는 이익이나
부에 대한 애착은 문화적 가치의 하나를 이루는 것으로, 그 매
력을 부정하는 것은 미숙한 일이다. 위험이 있다고 하면, 그것

은 부를 목적 그 자체로 간주하고, 인간은 능률에 따라 가치가 정해지는 생산의 수단으로 보는 일이다. 이 경화증상은 어른보다도 공평성이나 관대함에 대하여 예민한 젊은이들 사이에서는, 그렇게 두려워할 것은 못된다. 그러나 그 증상이 얼마 후에는 생활형태로 되어가는 사람들을 기다리고 있다는 것은 다 알고 있는 사실이다.

타인에 대한 사랑은 최고의 사회적 가치이다. 그것은 몸을 바치고, 사람을 돕고, 지키고, 필요한 사람이 되고 싶다는 욕구에 응하는 것이지, 무언가 위장된 힘의 욕구작용 이라든가, 이성적으로 이끌린 박애주의 원칙에서 나온 것은 아니고, 그저 자기 자신이 주는 기쁨 때문에 생겨난 것이다. 모성애는 그 가장 자연스럽고 완전한 형태이지만, 청년의 우정도 그 활력의 일부는 타인에 대한 사랑에서 오는 것이다. 타인에 대한 사랑을 사회적인 형태로 취하는 것은 특히 여성 쪽에서 많으나 물론 남성에서도 볼 수 있다. 문화적 가치를 함양시켜주는 사회성의 교육에서는 타인에 대한 사랑을 사회적인 형태로 취하는 것은 특히 여성 쪽에서 많으나 물론 남성에서도 볼 수 있다. 문화적 가치를 함양시켜주는 사회성의 교육에서는 타인에 대한 사랑을 목표로 하고, 거기서 생겨나는 커뮤니케이션에 대한 욕구를 조장시키며, 그 마음이 고양(高揚)되는 과정에서 남에게 유익한 활동을 찾을 수 있게 하여야 한다. 청년의 공동체는 이러한 교육에 매우 유효하게 기여할 수 있는 것이며, 교사 쪽에서의 배려는, 개인적 헌신이, 거기에 구현되는 가치와는 다른 이익을 위하여 이용되지 않도록, 또 그것이 언제나 타인의 고통이나 희망과 직접적으로 관계되도록, 그리고 인간적 따뜻함을 상실케 하는 형식주의에 빠지지 않도록 신경을 써주는 일일 것이다.

그것만으로도 하나의 도덕을 형성할 수 있는 이웃사랑으로 우리는 이미 순수하게 문화적인 차원으로부터 정신적인 차원으로 옮겨와 있는 것이다. 우선 미에 대한 사랑에서 우리는 정신생활의 전통적인 세 가지 근원의 하나를 재발견하게 되는데, 이것은 청년기의 정열이 선택하는 방향의 하나이며, 이 시기의 특권이라고도 할 수 있는 것이다. 더 뒤에 가서는 미에 대하여 마음을 닫아버리거나 아름다운 것이 좋다고 본인이 생각해도, 실제로는 평범한 대용품에 만족하고 있는데 불과한 그런 산문적인 성질의 소유자라도 이 연령에서는 아직 미에 대한 애착을 찾아볼 수 있다. 청년의 미적 교육은 몇 가지 요소로 구성되어 있다. 즉 아름다운 것과의 만남에서 얻어지는 정서적 충격을 통한 예술적 가치에의 직접적 관여, 명작을 한층 더 지적으로 이해 할 수 있게 만드는 예술의 초보자도, 그리고 끝으로 재능을 타고난 사람에게는 그것이 천직의 목표가 될 수 있게 도와주는 최초의 개성적 창작 등이 있다.

　예술에 의한 교육의 일대운동이 현재 세계의 여러 나라에서 예를 들면 폴란드 등에서 발전해 오고 있다. 이것은 장래의 예술가를 양성하는 특별교육을 목적으로 하는 것이 아니고, "문학적"인 것도 "과학적"인 것도 소질이 없는 학생을 시간표의 절반을 예술적 활동에 의해 인간적으로 키우는 것을 목표로 하는 교육이다. 물론 나머지 절반의 시간은 보통의 일반교육으로 채워지고 있다. 우리의 바칼로레아(예비고사)의 신체제 속에 '예술' 선택코스가 생긴 일로 해서, 프랑스도 이 운동에 참가할 수 있을 것이다. 각각의 예술은 청년의 예술교육에 무엇인가를 공헌하고 있으나 특히 댄스는 예술이 살아 있는 인간과 일체화되어 있는 것으로 그 공헌은 크다. 자연의 관찰, 극이나 영화의 감상도 커다란 가능성을 부여해 준다. 이처럼 젊은이의 기호를 불러일으키는 수단은 여러 가지가 있으나, 그들의 기호 자체가 너무나 유행이나 속물주의의 영향 하에 있는 경우가 보통이어서, 우수한 것이라고는 하기 어렵다. 그러나 초등학생의 기호와 비교해보면, 얼마나 많은 진보가 있었는지를 알 수 있다. 그 사이에 학생들은 각각 독자의 미를 발견하였던 것이다.

진실에 대한 사랑은 인식의 가치, 또는 흔히 말하듯이 이론적인 가치에 대응하고 있다. 그것을 발달시키는 것이 지적 교육이며 그것은 자연과학, 인문과학의 공부를 통하여 이루어진다. 이 사랑도 정열을 생성시킬 수 있으나 젊은이에게 이 곤란한 탐구에(예를 들면 하기 싫은 과목) 초조하게 굴지 않도록 하기란 매우 어렵다. 젊은이는 상상의 비약에 몸을 맡기고, 하찮은 진리를 경멸하고, 궤변으로 일관하는 주장이나 뿌리가 얕은 체계에 대한 유혹에 내맡겨지기 쉽다. 바로 이 때문에 비판정신을 길러주는 중요성이 인정되지 않으면 안 된다. 젊은이는 또 사색을 사랑하고 즐겨 순수관념을 다룬다. 따라서 그의 과도한 변론술에 대하여 경험적 태도로써 평형을 이루도록 하고, 또 사실에 의한 엄격한 검증에 익숙해지도록 하는 일이 중요하다. 이와 같이 인도되어온 과학적 교양은 진리의 탐구로 민주주의가 얻은 '궁극의 만족'은 없더라도 학자가 느끼는 앎의 즐거움의 일부만이라도 청년들에게 가져다 줄 것이다.

도덕적 교양은 인격형성의 특별한 한 장으로 만들어버리기가 어렵다. 이것은 행위전체에 관계되는 것이며, 우리는 사회적 교육, 경제적 교양, 정치적 교육에서 그 역할을 보아온 바 있다. 사춘기와 마찬가지로 이 마지막 단계에서의 도덕은 '열려 있는 도덕'이고, 선에 대한 사랑 위에 구축 되어 있다. 그러나 청년들은 이제 도덕법칙이나 의무의 관념에 도달하는 일이 가능해진다. 또 동시에 행위의 동기부여에 있어서도 아직 좁고 개인적인 성격을 간직하고 있던 것이 보다 폭넓은 인간존재에 관한 이해로 바뀌어간다. 자기발견에 더하여 타인의 발견이 있으며, 자기주장의 욕구에 타인과의 일체화를 구하는 욕구가 더해진다. 마침내는 봉사나 책임을 좋아하는 기분이 몽상을 멀리하고 행동을 일으키게 만든다. 젊은이의 눈으로 보아 가장 가치 있는 미덕은 아마도 관대함, 무욕의 헌신, 영웅적인 용기 등일 것이다. 그를 끌어당기는 것은 행복이 아니고 위대성이다. 젊은이의 도덕적 고양(高揚)에는 감탄할 만한 데도 있으나, 그에게는 자연스러워도, 우리의 눈으로 보아 올바른 길을 벗어난 태도에는 위험이 없는 것은 아니다. 따라서 교사의 임무 중 한 가지는 젊은이의 열망을 부단히 그들의 가능성에 비추어보고 조정하는 데 있다고 할 수 있다. 그렇다고 그들의 약동을 정체시키려는 것은 아니다. 젊은이를 개인적 활동에서 교육하는 데는 대담하게 그들에게 중요한 일, 특히 사회봉사에 관계되는 일을 맡겨서, 거기에서 책임을 느끼게 하고, 어른은 소극적인 조언자로서 관계를 가지는 것이 필요하다. 그들의 자발적 행동은 설사 그것이 우리의 습관에 혼란을 가져오게 하는 것일지라도 지지해 주어야 한다. 예를 들면 길가에 버려진 아이 곁에서, 떠들어 대지도 자랑하지도 않고, 학생들이 자기들 자신의 만족을 위하여 미소를 머금고 행하고 있는 보호활동 따위를 나는 머리로 생각한다. 그러한 일을 할 수 있는 어른은 있더라도 많지는 않을 것이다. 청년이 주목할 만한 생활스타일을 표현하고 동시에 역시 두드러진 단계적 완성에 도달하는 것은 특히 도덕적 생활의 영역에서라고 할 수 있다.

신앙심 있는 성질의 소유자에게는 가치에 의한 교육은 종교적 교육과 일체가 된다. 종교적 가치는 스스로 성스러운 것에 대한 감정에 바탕을 둔 독특한 가치집단을 이루고 있다. 이 경우 성스러운 것이란 미나 진이나 유익함과 동일한 자격으로 파악할 수 있는 현실의 한 측면이라 여겨지고 있다. 그러나 종교적 가치는 어느 시대에나 통괄의 기능을 수행해 왔다. 신은 동시에 온전한 힘이고 진리이고 선이다. 뚜렷한 형식의 신앙고백을 하든지 안하든지 상관없이 종교란 것은 완전한 것을 추구하는 기풍과 겸허한 마음에 지배되어, 여러 가지 가치 집단을 재결합하는 하나로 종합하여 왔다. 루소가 에밀의 종교 교육에 손을 댄 것이, 겨우 에밀이 16세 때였음은 잘 알려져 있다. 이 늦은 시기에 시작한 것을 맹렬히 비난하는 사람도 있었으나 발달적 관점에서 청년기는 루소가 바로 관찰하였듯이, 종교에 대한 관심을 갖는 결정적인 시기인 것도 사실이다, 그 이전에 종교 교육을 받든 안 받든 간에, 이 시기야말로 보통, 사람이 신앙을 버리거나, 지키거나, 혹은 새롭게 갖게 되는 때이다. 종교는 하나의 생활양식이 되며, 그 가장 완성된 표현이 성직자가 되는 길이다. 신은 이제 부모의 이미지로만 반영되는 것을 그치고, 최고의 가치를 나타내고 있으며, 그 속에서 다른 모든 가치가 융합하게 되는 것이다.

문화적, 정신적 가치를 통한 교육은 교육의 최후 단계 전기간에 걸쳐서 항상 우리들 관심의 중심이 되어야 한다. 뿐만 아니라 청년기 말에 가까운 1년을 특히 이 교육에 충당하는 것이 바람직하다고 생각된다. 청년의 활동과 공부의 종류에 따라 이 문화적인 1년은 여러 가지 다른 형태가 되겠지만 어떤 젊은이에게나 필요한 책이다. 즉 자기 자신이나 또 앞으로 살아가는 세계에 관한 자각을 가지기 전에, 일이나 노동환경 속에 흡수되고 마는 우려가 있는 직업견습생에게나, 너무나 안이하게 시험공부에만 몰두하고 마는 학생에게나, 다 같이 필요하다. 문제는 청년들을 교화하는 일이 과제가 아니다. 문명 그 자체를 대상으로 하면서 인간사회 속에 스스로를 규정하고, 위치를 정해 갈 수 있게 그들을 돕는 일이 요구되고 있다. 학생자신에 의한 조사, 토론, 보고가 강의나 수업을 대신할 것이다. 주제는 시사문제이거나 인간의 천성이 만들어낸 가장 훌륭한 것을 연구하는 것도 좋을 것이다. 그러나 어떤 문명을 아는 것만으로는 충분치 않고, 거기에 참여하는 일이 요구된다. 물론 그것을 위해서는 어려운 학습이 전제가 된다. 특히 신문을 읽는 일, 영화나 음악의 감상, 자기의 여가를 계획하는 일 등을 배워가야 할 것이다. 또 개인적 판단의 훈련, 다른 관점의 비교 검토, 사람을 잘못 보는 편견 대신 이해하려는 노력 등도 항상 필요하다. 이 문화적인 1년은 정신의 자유를 준비해야 한다.

가능하면 외국에서 1년을 보냄으로써, 이 문화적인 1년을 보다 완전한 학습의 기회로 삼는 것도 바람직하다. 그렇게 하면 학생의 교육은 한층 더 풍부해질 것이다. 성장의 과정에서 차츰 눈 떠 온 조국에 대한 사랑은 그것으로 더욱 깊어진다. 한동안 고국을 떠나서 그리움 때문에 눈물을 흘려야 비로소 자기의 나라와, 그것이 인간의 일생에서 지니는 의미의 전부를 사랑하게 된다.

끝으로 청춘기는, 젊음의 공감과 관대한 약동에 힘입어, 교육이 평화와 국제이해의 정신을 기를 수 있는 적절한 시기이다. 이 교육의 실현을 위해서 청년들의 만남이 도움이 되지만, 그것은 실질 그 자체는 아니며, 다만 효모의 구실을 할 수 있을 정도이기 때문에 페스탈로치가 바랐던 그 "인간성을 위한 교육"을 실현 시켜가는 데는, 세계 모든 나라의 청년들을 대상으로 일을 해나가는 일이 중요한 것이다.

3

마지막으로, 교육이 끝나는 시기에서 인격의 바람직한 모습을 밝히고, 또 사춘기에 준비되고, 청년후기에 꽃피게 되는 생활스타일의 성격을 기술하기로 하자.

출생이후 발달의 각 단계가 인격의 확립을 향해서 공헌하고 있는 것은 지금까지 기술한대로이다. 그러나 청년기는 그것이 두드러지게 확립되는 시기의 하나임에 틀림없다. 그러므로 이때야 말로 교육은 전력을 다하여 그것을 도와야 한다. 만일 공부가 청년을 서적이나 학교의 교육과정에 얽매버리고, 책임에 관한 학습을 20세후로 늦춘다고 하면, 그의 사회적 인격은 성숙할 나이가 되어도 어딘지 편협하고 조화를 잃은 데를 남기고 있을 것이다. 직업견습생에게는 전연 다른 위험이 있다. 즉 그의 인격은 너무 일찍부터 사회의 냉엄한 현실을 직면하다 형성하게 된 정서는 꽃피게 될 여유도 없이 굳어져 갈 위험이 있다. 모든 청년이 여러 가지 다른 형태로 이루어지는 가치를 기본으로 한 활동, 교양을, 사회성의 형성을 촉진시켜 주는 것으로 가능한 한 오랫동안 교육적으로 보호함으로써, 이 양쪽의 위험을 피할 수 있게 도와주어야 한다.

교육의 역할은 적절한 시기에 인격형성을 보장하는 일만이 아니다. 행동의 차원에서는 젊은이가 일정한 일상의 문제를 해결할 수 있게 되거나 또는 적어도 후에 좀 더 성숙해지면 보충이나 강화도 할 수 있는, 최초의(당장의) 해결방법을 발견할 수 있게 되면 인격형성은 거기에 따라 실현되는 것이다. 그러한 문제는 특히 신체의 성장이나 직업선택, 가족과의 관계, 연애 내지 때로는 결혼 등에 의해 생겨나는 문제이다. 현실에서는 이러한 문제가 연이어 일어나는 것은 아니고, 동시적으로 일어나는 법이다. 문제해결에서 나타나는 하나하나의 성공이 인격의 전체를 강화해주고, 대신 그 해결에서 실패하는 횟수가 많을수록 인격 전체가 동요될 수도 있다. 어려움에 처했을 때에 젊은이가 쓰는 전술은 개인마다 각각 다르다. 임기응변적인 것, 뱃심 좋은 방법이 있는가 하면 우선 피하고 보자는 식도 있고 하여 자기 확립에 있어서 그들이 쓰는 수단은 매우 다양하다.

우리는 직업적인 것이든 사회적 또는 감정적인 것이든 학습이 지니는 그 형성가치를 언제나 생각해 왔다. 그러나 놀이나 오락도 그 역할을 지니고 있다는 것을 잊고 있었던 것 같다. 젊은이들의 '맹랑한 행위'도 전혀 불합리한 것은 아니어서 그 나름으로 인격형성에 도움이 된다. 꿈 역시 이 연령에서는 상상의 인물이나 행위를 통하여 인격에 영향을 줄 수 있다는 의미에서 공헌을 하고 있다. 교사는 가장 가까이에서 지켜보고, 인도하여 길러주어야 하며, 또 교사가 현실적으로 학생의 문제해결을 돕고, 그의 자아실현을 도와주고 싶다면, 교사 스스로의 행위를 보이는 것보다 청년이 나타내는 여러 가지 태도에 따라 솜씨 있게 맞추어가는 능력이 필요하다.

그런데 여기에 한 가지 더 배려해야할 문제가 있다. 청춘기의 남녀는 각각 이 시기를 나타내기에 적합한 두 가지의 다른 이미지가 있다. 확실히 그들 남녀인격의 차이는 오랫동안 믿어 온 관념적인 것보다는 훨씬 변한 것이다. 우리는 오늘날 여성이 점점 수많은 활동영역에서 평등을 쟁취하고 실력을 발휘하여 양성의 교육은 일치할 정도까지 가까워 있음을 알고 있다. 그러나 양쪽은 각각 그들의 본성과 사명에서 유래하는 특유의 생활스타일이 있기 때문에 그것을 존중하는 일도 필요하다. 여성은 신체적 강한 면에서 다소 뒤떨어지며, 흔히 보다 다소곳한 정신구조를 지니고 있다는 점이나, 특히 장래의 어머니로서의 역할이나 가정적인 역할 면에서 남자의 교육과는 약간 다른 교육을 필요로 하고 있다. 학습하는 내용이 공통되고 양성의 평등이 완전히 인정되고 있어도 인격형성이 문제가 되는 경우에는 그 중점은 같은 데에 놓여 있지 않다.

여성적이든 남성적이든 이상적인 청년은 우선 건강하고 튼튼하지 않으면 안 되는데, 남자에게 우리가 바라는 자질은 사내다운 힘센 것 따위이고, 한편 여자는 그 자질이 온순함을 기준으로 하고 있다. 지적 활동은 청년말기에는 남녀모두 최고의 범위에 달하는데, 남자의 재기(才器)는 일반적으로 보다 추상적이고, 여자의 그것은 보다 직감적이다. 그들은 실제 활동 면에서도 차이가 있다. 미래의 어머니를 교육하는 데는 육아나 가사에 중점을 두는 일이 필요하다고 하면, 그 대신 현대의 젊은 남성에게는 약간의 기술을 습득하는 것이 요구된다. 즉 그들의 도덕적 인격은 서로 다르면서도 서로 보충해 주는 특질로 이루어져 있어서 우리는 아들에게는 힘세고, 대담하고, 냉정함을 좋게 보고, 딸에게는 마음씨 곱고, 신중하고, 부드러움을 평가한다. 다만 이 차이를 강요하거나 양쪽을 대립관계로 고정시키지 않도록 조심하여야 한다. 그러나 청년의 이 두 가지 생활 스타일을 각각 실현하여, 거기서 미래 가정에서의 조화를 형성 시켜주는 교육을 위해서는 바로 이러한 차이를 고려해 두어야 한다. 그 반대 현상이 일어나면 우리는 충격을 느끼게 된다. 언제나 교육의 탓이라 할 수는 없으나 여성적인 남자, 그리고 그보다는 드물지만 괄괄한 여자는 우리의 눈에는 인격형성의 잘못으로 비치곤 한다.

남성과 여성 사이의 이러한 차이는 있을망정, 청년기말에 와서 이상적인 인격은 성숙한 어른의 그것과는 명백히 다른 특질을 지니고 있다. 흔히 극단적으로 긴장하는 경우도 있으나, 그렇다고 성질이 같거나 완전히 고정적이지도 않다. 청년의 인격은 아무리 도야되어 있어도, 또 우리가 그것이 식견 있는 정열을 지니기를 바라고 있었더라도 충분히 깊이 있는 경험은 아무래도 부족한 상태에 있다. 거기에는 언제나 도식적인 데가 있으며, 유효한 적응보다도 뚜렷이 나타난 다소 극적인 태도 쪽을 좋아한다. 그것은 아동기가 놀이의 연대이고, 성년기가 보통은 행동의 년대인 것처럼, 인간의 운명에서는 청년기는 드라마의 년대를 대표하고, 거기에는 찬란하지만 동시에 인공적인 것도 포함되어 있기 때문이다.

교육이론이라는 것은 보통, 완전한 인간상에 도달 했을 때 만족하게 여기는 법이어서, 그 점에 고유의 사명을 발견하려고 하는 법인데, 우리들은 보다 겸허해졌으면 한다. 교육의 마지막 단계라고 해도 아직 그 자체는 일생 속의 한시기에 불과하며, 종국의 완성을 실현하는 일은 불가능하다. 우리의 산업문명이 점점 더 발달속도가 빨라지고 있는 것이 일종의 미완성상태를 촉진시키고 있으며, 그 때문에 평생교육의 조직화가 필요하게 되었다. 이 단계 및 선행의 모든 단계의 교육이 성공했다고 할 수 있는 것은 학생이 18세에서 20세까지의 사이에 충분한 자율성을 갖추고, 자기가 지닌 몇 가지 특징적인 경향을 조화시키고, 자기의 개인적 생활과 주위의 생활 사이에 일정한 균형을 찾아내고, 한 사람의 인격에 걸맞은 가치체계를 자기의 것으로 했을 때이다.

이처럼 처음으로, 그러나 아직 불완전한 자기통제가 가능해진 범위에서 청년은 지금까지의 발달 각 단계에서와 같이 일정한 사려와 분별력을 갖추게 된다. 그것은 세차고 활동적이며, 또 생활을 그 무엇인가 아름답고 의젓하고 신비적이라고 느껴지는 감정으로 사랑하고 있는 그런 분별이다. 젊은이의 사려와 분별력이란 정열의 한 양상이다.

　교사로서의 정규역할은 보살펴준다는 의미에서는 20세 경에 끝난다. 아직 공부를 계속하고 있더라도 이 시기가 되면 스스로 공부하고, 사고하고, 결정하는 일에 익숙해져야 한다. 가정을 꾸민다는 생각도 뚜렷해진다. 젊은 여성에게는 대개의 경우 이것은 기정의 사실이다. 그래서 혼약의 교육이나 결혼 전, 결혼 후의 교육까지 생각할 필요가 있을는지도 모른다. 그러나 주제넘은 열의와 마찬가지로 교육과잉은 어떤 것이라도 삼가는 것이 옳을 것이다. 교육학자의 나쁜 버릇의 하나는 교육학을 너무 휘두르는 일이기 때문이다. 적절한 시기를 보아 모습을 감출 줄도 알아야 한다. 우리의 학생들은 이제부터 개인적인 생의 모험이 시작되려고 하고 있으며, 그것이 그 나름으로 하나의 교육이 되게 될 것이다. 그리고 이제는 사는 일 그 자체가 그들의 위대한 교사이다.

결론

창조적 교육

여기서 결론을 말할 필요가 있을지 모르겠다. 사실상 이런 종류의 일에는 타당한 결론 따위는 존재하지 않는다. 교육은 그 자체 속에 틀어박혀 있는 것이 아니라 미래를 향하여 열려져 있으며, 우리가 최선을 다하여 실현을 향하여 준비시켜 온 각각의 운명은 이제는 시인이 말하는 넓은 바다에 표류하는 병처럼 된다.

다만 적어도 우리가 설정해 온 교육 프로그램이 현실에 적용되었는지의 여부를 규명할 수는 있다. 그러나 우리가 심리학의 성과와 성장의 각 단계에 대응하는 인간인식을 결합시켜서 교육을 조직하는 일에 성공했는지의 여부를 판단하는 것은 독자이다. 또 상이하면서도 서로 연결된 단계의 관념이 이제 하나의 현실로 볼 수 있는지, 또 거기에 포함된 발달적 인간형성이 우리가 바라는 점진적이고 리듬이 있는 성격을 지니고 있는지, 이런 것을 확인하는 것도 독자의 일이다.

간단하지만 무의미한 자기 정당화에 전념하기 보다는 나로서는 오히려 교육의 여러 단계 전체를 다시 한 번 되돌아보고, 거기에서 내 속에서 생겨난 확신을 말해두고 싶다.

교육을 한다는 것은 키우는 일, 아이를 어엿한 어른의 상태에까지 키우는 일이다. 모든 교육학에 해당되는 이 유도 동기도 마찬가지였다. 그러나 이 노력의 가치나 그 힘이 미치는 범위는 어떠할까? 얼핏 보기에는 그것은 학생에게 가장 좋은 발달조건을 준비하고, 성장을 가능하게 해 준 활동을 힘 자라는 데까지 실행시키려고 배려한 단순한 동반자적 교육인 것 같다. 그러나 실제로는 어느 정도까지 창조적 교육이라고도 할 수 있다.

발달의 전과정을 통하여 우리는 성숙의 역할, 즉 인간적으로서의 유형을 되풀이하여 실현시켜가는 힘의 역할과 환경의 역할, 즉 학생을 사회에 통합시켜 어떤 틀에 맞추려고 하는 힘의 역할의 양쪽을 보아 왔다. 그러나 그것들과 동시에, 매우 일찍부터 개인적인 요인, 즉 아이의 행위를 차츰차츰 고유의, 부분적으로는 예견 불능한 양상을 부여하는 창조적인 힘이 나타나는 것도 보아왔다. 신생아의 울음소리에 나타나는 개성에서 시작하여, 염소발아이가 맡고 싶어 하는 여러 가지 역할이나, 초등학생의 동조적인 사회성, 사춘기에의 현상의 인물상을 닮고자, 또 이성의 마음을 사로잡으려고 하는 청년의 인격에 이르기까지, 아이는 복잡한 자기 발견 운동에 따라 성장해 간다. 교육은 그것을 조장 시킬 수 있는 것이며, 또 전력을 다하여 그렇게 하여야 한다. 교육을 교수, 즉 지식이나 문화의 전달로 환원시켜버리거나, 또 아무리 완전하더라도 신체적, 정신적인 위생으로 돌려버릴 수 없는 이유가 거기에 있다.

창조적 교육이라는 말을 어떤 의미로 파악하면 좋을지 이해하리라 생각한다. 거기서는 하나에서 열까지 새로 만들어진 인간을 탄생시키는 것이 문제가 아니다. 나로서는, 유전적으로 이어받은 것이나, 환경이 부과하는 여러 가지 학습에 의지하면서도, 학생은 그 고유의 비약에 기초하여 보통의 인간 유형에 무언가 새로운 것을 덧붙여줄 수가 있다는 것을 생각하고 있을 뿐이다. 교육은 인간을 만드는 것이 아니라 인간의 자기창조를 돕는 것이다.